D0550566

LA POLITIQUE FISCALE

FISCALE

À la recherche du compromis

LA POLITIQUE FISCALE

FISCALE

À la recherche du compromis

154368

Pierre P. Tremblay

336.3
TRE

1995
Presses de l'Université du Québec
2875, boul. Laurier, Sainte-Foy (Québec)   G1V 2M3

Données de catalogage avant publication (Canada)

Tremblay, Pierre P., 1946-

   La politique fiscale : à la recherche du compromis

   Comprend des réf. bibliogr.

   ISBN 2-7605-0821-8

   1. Politique fiscale.   I. Titre

HJ151.T73 1995   336.3   C95-940807-X

Révision linguistique : Gislaine Barrette

Mise en pages : Info 1000 mots enr.

Couverture
   Conception : Richard Hodgson
   Illustration : ©1995 M.C. Escher Foundation, Baarn, Holland.
                  Tous droits réservés

*Tous droits de reproduction, de traduction
et d'adaptation réservés* © 1995
Presses de l'Université du Québec

Dépôt légal – 2ᵉ trimestre 1995
Bibliothèque nationale du Québec
Bibliothèque nationale du Canada
Imprimé au Canada

157804

À LUCIE

Vers la fin d'un discours extrêmement important
le grand homme d'État trébuchant
sur une belle phrase creuse
tombe dedans
ct désemparé la bouche grande ouverte
haletant
montre les dents
et la carie dentaire de ses pacifiques raisonnements
met à vif le nerf de la guerre
la délicate question d'argent

Le discours sur la paix
Jacques Prévert

TABLE DES MATIÈRES

Le contribuable et le fisc

REMERCIEMENTS

Ce livre, fruit de l'enseignement et de la recherche, contient de larges extraits du cours sur la politique et l'administration fiscale que j'assume depuis quelques années au Département de science politique de l'Université du Québec à Montréal. Il comprend des données recueillies dans le cadre d'une recherche sur le comportement du contribuable entreprise avec mon collègue Lawrence Olivier, puis poursuivie et complétée en collaboration avec Guy Lachapelle de l'Université Concordia. Je tiens à souligner la précieuse contribution de Martin Comeau et de Pauline Gélinas dont le dévouement et l'enthousiasme furent constants et ce, malgré les difficultés considérables auxquelles font face de nos jours les étudiants diplômés de nos universités québécoises. Je tiens également à remercier mes collègues André Bernard, Alex Macleod et Carolle Simard qui, de diverses manières, ont contribué à la parution de ce petit ouvrage. Enfin, le Conseil de recherches en sciences humaines du Canada a, par ses fonds, soutenu une grande partie de nos activités.

Pierre P. Tremblay

INTRODUCTION

« Compromis : arrangement dans lequel on se fait des
concessions mutuelles »

Le Petit Robert

Les choix concernant les impôts, les taxes et tous les autres modes de
prélèvement des fonds publics occupent une place privilégiée parmi les
décisions difficiles que doivent prendre les gouvernements. À la question de taxer ou de ne pas taxer tel ou tel groupe de citoyens, tel ou tel
objet ainsi que telle ou telle activité, il n'existe pas de réponse toute
faite qui puisse satisfaire à la fois le percepteur et le contribuable.
Dans une société libre et démocratique, les choix fiscaux ne sont jamais
définitifs. Ils évoluent au gré des rapports de force entre les individus,
entre les groupes organisés, entre les institutions, ou entre tous ces
acteurs à la fois. En fait, nous pouvons considérer la taxation comme
un théâtre d'affrontements discrets mais réels et constants entre la
plupart des citoyens où les plus forts et les plus rusés réussissent à
mener le jeu. Vu sous cet angle, le système d'impôt en vigueur ne
constitue pas, comme on l'entend souvent, un choix de société au sens
de consensus ; mais un compromis fragile et instable entre des opposants toujours désireux de préserver ou, mieux encore, d'accroître leurs
acquis. Le combat fiscal, puisque cela en est un, se déroule dans des
univers en constante évolution, ce qui a pour effet de modifier fréquemment les rapports de force entre les intervenants et de changer les
enjeux de l'affrontement. L'objet de la politique fiscale est donc de rédi-
ger les termes du compromis et de les faire appliquer en tenant compte
des conjonctures économiques, politiques, sociales voire culturelles qui
prédominent. Autrement dit, la politique fiscale est l'ensemble des
décisions d'un gouvernement à l'égard des contribuables, des biens et
des services qui forment la matière de l'impôt ainsi qu'à l'égard des
modes et des techniques possibles d'imposition.

La politique fiscale se distingue de la fiscalité, de la taxation et de l'impôt, termes qu'on entend plus fréquemment et qu'on substitue à tort l'un à l'autre. Pour bien se situer et mieux comprendre le présent ouvrage, disons tout simplement que l'impôt est l'instrument par lequel l'État recueille l'argent nécessaire à ses activités, que la fiscalité est l'ensemble des lois, des règlements et des mesures qui encadrent les activités du fisc et des contribuables, le système fiscal en somme, et que la politique fiscale est l'ensemble coordonné des choix d'une administration en matière d'imposition.

Mis à part les prélèvements, le citoyen connaît très peu de choses de la taxation. Sa logique même et les principes sur lesquels elle repose lui échappent ou, du moins, lui semblent contradictoires, voire confus. Par exemple, si généralement on accepte volontiers qu'il y ait une limite à l'imposition des plus pauvres, on comprend plutôt mal qu'une telle limite s'applique aussi aux plus riches. On n'est pas toujours au fait des règles économiques et psychologiques inhérentes à la taxation et qui rendent nécessaire, bien souvent indispensable, l'existence de telles échappatoires. Les décisions des autorités gouvernementales en la matière créent une large zone de mécontentement où les contribuables sont nombreux à récriminer et à se sentir lésés d'une façon ou d'une autre. L'examen des divers éléments constitutifs de ce phénomène qu'est la politique fiscale permet de lever un coin du voile qui obstrue notre vision de simple citoyen aux prises avec un fisc plutôt gourmand. Cette démarche permet aussi de connaître les principaux acteurs de cette prise de décision particulière, de prendre conscience des enjeux de la fiscalité dans une société et de voir d'un autre œil les avantages et les inconvénients des divers instruments du fisc.

Mais en plus de renseigner sur la pertinence et les objectifs de l'imposition, l'étude de la politique fiscale constitue une source d'information précieuse sur les sociétés elles-mêmes. En effet, comment dissocier la politique fiscale de son univers social puisque, de prime abord, l'imposition est un fait économique, politique, social et culturel. Ainsi, les formes que revêt la taxation ne peuvent être qu'intimement liées aux traditions et aux valeurs d'une collectivité, celles-ci constituant un critère de premier plan dans la sélection des réponses possibles aux questions fondamentales de l'imposition : qui ? quoi ? et comment ?

Les questions qui s'adressent aux responsables de la politique mettent en évidence le fait que toute société comporte des forces et des faiblesses qu'il faut tantôt développer, tantôt corriger par les moyens disponibles. La politique fiscale est l'un de ces instruments d'intervention dont les gouvernements se servent pour développer l'économie et pour en répartir équitablement les fruits ; elle n'est donc pas seulement un moyen de financer l'État. Observer l'univers de la politique fiscale, c'est enfin constater toute l'importance de la relation du fisc et du contribuable pour l'atteinte de l'efficacité de l'imposition.

Dans cette perspective d'un lien indissociable entre la fiscalité et la société, ce petit manuel veut offrir au lecteur un guide pour se repérer dans un univers qui lui est malheureusement trop souvent étranger. Il contient cinq chapitres organisés en une séquence logique. Le premier définit la politique fiscale et en identifie les principaux déterminants de même que les grandes missions. Le second chapitre présente les intervenants, c'est-à-dire les personnes et les institutions qui participent de près ou de loin au façonnement et à l'élaboration détaillée de la politique fiscale de l'État. Le chapitre suivant traite des objectifs généraux et des choix de la politique fiscale. Le quatrième chapitre porte sur l'interventionnisme fiscal et sur la réforme fiscale. Enfin, le livre débouche sur la question cruciale des relations entre le fisc et le contribuable.

Cet ouvrage n'est pas une analyse ni une histoire de la politique fiscale comme il n'est pas un exposé sur la fiscalité. Aussi, les personnes, les événements, les statistiques de même que les théories qui y sont mentionnés, voire critiqués, le sont à titre uniquement illustratif. Les experts constateront le manque de nuance de mon propos et la brièveté de l'argumentation, mais cela est voulu, l'objectif étant de proposer une grille d'observation et non pas de défendre un point de vue. L'unique but de ce livre est de fournir au lecteur une méthode simple pour faciliter la compréhension d'une partie importante des finances publiques, soit les mesures fiscales. Enfin, ce livre n'est pas dénué de subjectivité. Il véhicule des préjugés que l'auteur entretient à dessein pour provoquer et faire réagir.

CHAPITRE 1

LA POLITIQUE FISCALE

Selon Maurice Lauré (1956), la politique fiscale débute là où se termine la politique budgétaire. Autrement dit, une fois décidé le recours à l'impôt comme mode de financement de l'État, il convient d'en arrêter les caractéristiques fondamentales : voilà l'objet de la politique fiscale. On choisit alors le mode et la périodicité de prélèvement des fonds publics, les objets d'imposition ainsi que les personnes physiques ou morales appelées à contribuer. La taxation étant exclusivement un acte de puissance publique, il revient aux seules autorités politiques de concevoir, de définir et de faire appliquer cette politique.

En principe, tout gouvernement a une politique fiscale. En réalité, il ne peut y avoir de véritable politique fiscale que là où il y a suffisamment de ressources privées dont l'État peut se servir comme base de financement. Cela exclut donc les sociétés trop pauvres pour avoir une économie digne de ce nom. En d'autres mots, si l'impôt, comme l'indique sa définition classique, est un transfert de ressources du patrimoine privé au profit du patrimoine collectif, un État ne peut prétendre à une politique fiscale si la société ne produit pas et ne contrôle pas des richesses en quantité suffisante. En somme, la capacité de produire cette politique suppose un minimum de ressources économiques et une véritable autonomie politique.

L'imposition n'est pas le seul outil de financement des gouvernements et des administrations ; il peut provenir d'autres sources, par exemple de la vente de biens et services publics, des revenus d'intérêts, de l'exploitation du patrimoine public, des opérations d'emprunt sur les marchés financiers, ou encore des transferts intergouvernementaux. La politique fiscale ne délaisse pas ces activités ; au contraire, elle doit en tenir compte puisque, d'une part, elles sont des compléments importants à la taxation et, d'autre part, en raison du fait que les budgets grugent chaque année une part importante de la richesse produite. On rapporte qu'à l'heure actuelle, dans l'ensemble des pays membres de l'Organisation de coopération et de développement économiques (OCDE), les revenus fiscaux atteignent en moyenne 38,7 % du produit intérieur brut, alors que les dépenses totales dépassent bien souvent 40 %. Recourir uniquement aux prélèvements fiscaux pour financer les dépenses publiques aurait des conséquences économiques et sociales préjudiciables, ce que personne ne recherche.

Une définition générale de la politique fiscale comme celle que nous avons esquissé dans l'introduction est insuffisante, par ailleurs, pour comprendre les décisions gouvernementales en la matière. Il importe de pousser plus à fond et d'examiner dans un premier temps les finalités de cette politique, c'est-à-dire à quoi on veut la faire servir, et, dans un deuxième temps, identifier et décrire ses principaux déterminants.

Les déterminants de la politique fiscale

Pour arrêter leurs choix de politique fiscale, les responsables gouvernementaux doivent pouvoir évaluer avec le plus de précision possible les besoins réels en termes monétaires, la capacité effective de l'économie à contribuer au financement de l'État ainsi que la pression fiscale déjà exercée sur la collectivité et sur les individus. On sait que ces analyses sont des exercices longs, difficiles et dont les résultats n'ont que rarement la précision souhaitée. Le gouvernement canadien vient implicitement de reconnaître ce fait en mettant sur pied un programme de 300 000 dollars afin de réduire la marge d'erreur dans l'établissement des prévisions budgétaires. La réussite ou l'échec des objectifs de la politique de taxation tient en grande partie à l'étendue de la connaissance que les dirigeants ont de ces objets que nous convenons de nommer « les déterminants ». Le premier de ces déterminants est sans contredit le besoin fiscal des gouvernements.

Le besoin fiscal

On peut définir le besoin fiscal en affirmant qu'il correspond de manière approximative à la somme d'argent requise pour assumer le coût des activités des gouvernements ou des administrations. Ce besoin est le fruit du rapport entre l'État et les citoyens. Par différents canaux, la population demande à l'État de produire un ensemble de demandes de biens et de services collectifs ou individuels. De leur côté, les gouvernements et les administrations offrent de produire des biens et des services. La période électorale est l'un des moments forts de la création de l'offre sur le marché politique, les partis politiques se livrant à une surenchère de promesses parfois éloignées, à certains égards, des préoccupations quotidiennes et immédiates d'un bon nombre d'électeurs. La réalisation éventuelle d'une partie de ces offres-promesses accapare toujours plus de ressources qui se font rares et alourdit le budget des dépenses. Cette « économie des processus politiques », selon l'expression de Gérard Bélanger (1988), se traduit par une croissance ininterrompue du besoin fiscal.

Les institutions et les appareils administratifs mis en place par l'État, faisant souvent suite à une promesse électorale, constituent un autre facteur, quoique moins visible de l'augmentation du secteur public et donc du besoin fiscal. William A. Niskanen (1971) a qualifié ce phénomène de « dérive bureaucratique ». Cette expression décrit le jeu des employés qui consiste à gonfler la demande de ressources de production sous prétexte qu'il est nécessaire d'accroître la qualité ou la quantité de l'offre au citoyen. Une réponse favorable à cette demande élargit les structures de l'administration publique, gonfle le coût des programmes et, inévitablement, accentue le besoin de financement.

Le politique et l'administratif ne sont pas les seuls univers où s'élabore l'offre de biens et services publics. Le secteur privé et les secteurs para- et péri-publics ont vite compris qu'ils pouvaient utiliser l'État comme levier pour développer et offrir des biens et des services nouveaux, plus sophistiqués et plus coûteux. Le besoin fiscal est, en somme, la résultante du jeu de l'offre et de la demande qui se déroule entre l'État et le citoyen-consommateur, d'une part, et entre l'État et ses serviteurs, d'autre part.

Il faut distinguer, cependant, le besoin fiscal du besoin financier dont il est question dans les documents budgétaires. Comme le soulignait monsieur Paul Martin, dans le plan budgétaire de février 1994 : « Les besoins financiers nets du gouvernement [fédéral] tiennent compte à la fois des opérations budgétaires et des opérations non budgétaires. Ces dernières sont constituées des prêts, des dotations en capital et des avances versées [...] » En somme, les opérations budgétaires sont essentiellement les programmes de dépenses du gouvernement et, idéalement, doivent être financées par l'imposition, tandis que les opérations non budgétaires constituent un type d'investissement qui n'a pas pour effet d'augmenter l'endettement d'un gouvernement.

Au Canada, au cours de la période 1968-1992, le besoin fiscal du gouvernement fédéral est passé de 10,8 à 114,0 milliards de dollars, une progression assez impressionnante si on considère le pourcentage

du produit intérieur brut que représente ce montant. En début de
période, le besoin de financement des programmes de dépenses acca-
parait 14,4 % du PIB, en 1984-1985, il atteignait un plafond de 19,6 %
pour retomber à une proportion plus modeste de 16,7 % à la fin de la
période[1]. Il y a donc eu, au cours des dernières années, un effort réel et
productif de contrôle du besoin fiscal du gouvernement canadien.

Le besoin fiscal s'accélère ou ralentit, non seulement au moyen de
l'offre et de la demande, mais aussi par les fluctuations de la capacité
contributive des citoyens qui est une façon de mesurer la richesse d'une
société.

La capacité contributive

La capacité contributive est la contrepartie directe du besoin fiscal,
c'est-à-dire la totalité des ressources pécuniaires que les contribuables
sont en mesure de mettre à la disposition des gouvernements et des
administrations pour satisfaire les besoins fiscaux. On distingue traditionnellement deux types de capacité contributive : la capacité collective et la capacité individuelle. Pour chacune d'entre elles, il se trouve
une capacité brute et une capacité nette.

La capacité collective brute correspond à la richesse estimée d'une
société et équivaut, en principe, à la valeur totale des revenus et du
capital de l'ensemble des citoyens, des entreprises et des institutions ;
on l'évalue habituellement au moyen du produit intérieur brut. Cette
richesse est tributaire du niveau de l'activité économique du pays et,
par conséquent, du niveau de développement industriel, technologique,
intellectuel, commercial, etc. C'est la mesure de cette richesse qui permet, par exemple, de classer le Canada parmi les pays les plus riches
du monde ; son appartenance au G7 en fait foi.

Par contre, les richesses d'un pays ne sont pas toutes disponibles
pour le financement des activités de l'État. Une part importante des
ressources collectives et individuelles est indispensable à la création
de la richesse : ce sont les investissements pour l'achat et le renouvel-
lement d'équipements, la construction des immeubles où auront lieu
les activités commerciales et industrielles, les programmes de formation de la main-d'œuvre ou toute autre dépense essentielle à la production et au maintien de la capacité concurrentielle ; une autre partie est
requise pour l'achat de matières premières, d'énergie, de services professionnels. Enfin, une portion de ces ressources peut tout bonnement

---

1. Voir les Comptes publics du Canada, 1993.

servir à rembourser des dettes. Une fois tous ces coûts déduits de la richesse totale, il en résulte une capacité contributive collective nette qui, pour sa part, équivaut à la disponibilité réelle des ressources susceptibles d'être imposées.

Les responsables de la politique fiscale seraient donc mal avisés de calculer la capacité fiscale d'une collectivité en se fondant uniquement sur la richesse globale. La capacité contributive nette reconnaît donc implicitement l'existence de biens et de services essentiels qu'une fiscalité doit exclure du champ d'imposition si elle ne veut pas tarir la source du financement.

Il en est de même pour la richesse des particuliers. La capacité contributive individuelle équivaut à la valeur réelle des ressources que possède un contribuable une fois payés les biens et services essentiels à un niveau minimal acceptable de bien-être. Ainsi, le calcul de sa capacité contributive tiendra compte d'un certain nombre de facteurs pouvant affecter la richesse disponible d'un individu (personnes à charge, frais médicaux, frais de scolarité, etc.). C'est une des raisons pour lesquelles, les politiques fiscales en vigueur au Canada et au Québec prévoient, entre autres, des déductions pour les frais de garde des enfants, l'achat de médicaments et autres services médicaux non couverts par un régime d'assurance public, les contributions à des régimes d'épargne retraite et, parfois, pour des frais inhérents à l'emploi. En fait, le fisc personnalise l'impôt de sorte que les déclarations individuelles varient suivant les fluctuations de la situation socio-économique des personnes. C'est ainsi que le formulaire de déclaration de revenus utilisée par le gouvernement du Québec pour l'année 1993 reconnaît quatre situations individuelles particulières : la personne âgée, la personne mariée ou ayant un conjoint de fait, le chef d'une famille monoparentale et l'étudiant. Chacun de ces statuts exige du contribuable individuel des débours que le fisc reconnaît comme étant essentiels au maintien d'un niveau de vie acceptable. Le document de travail publié conjointement par le ministre québécois des Finances et le président du Conseil du Trésor et intitulé *Les finances publiques du Québec : vivre selon nos moyens* (1993) contient une évaluation monétaire des besoins essentiels reconnus. Ainsi, un contribuable marié ayant deux enfants dont l'un serait atteint d'une infirmité se verrait créditer un montant approximatif de 30 000 $. Ce calcul ne comprend pas les frais de garde et le remboursement d'impôts fonciers qui auraient pour effet d'alourdir la facture.

L'essai de définition de la capacité contributive nette des individus nous enseigne donc que la richesse apparente d'une personne ne correspond pas automatiquement à sa richesse réelle. Ainsi, sur un plan strictement théorique, il est logique de croire que le médecin a toujours une capacité contributive individuelle supérieure à celle du commis de bureau. En effet, le médecin est réputé jouir de revenus largement supérieurs à ceux du simple employé de bureau aussi spécialisé que ce dernier puisse être. Toutefois, si le médecin en question a quatre enfants d'âge scolaire dont deux fréquentent l'université et un est handicapé ainsi qu'une conjointe ne travaillant pas à l'extérieur du foyer, alors que le commis est célibataire et sans véritables obligations, il se pourrait fort bien que, en termes réels, la capacité nette de contribution fiscale de celui-ci soit supérieure à celle du médecin.

La notion de biens et services essentiels à la base de la personnalisation de la fiscalité est très élastique ; elle varie selon les sociétés et les individus. Le nécessaire et l'essentiel se définissent par la culture, la géographie, le niveau d'industrialisation et le degré de développement technologique du milieu environnant. Par exemple, un Québécois doit utiliser une part importante de ses ressources pour se protéger du froid, ce à quoi n'est nullement contraint celui qui vit sous les tropiques. La « nécessité », dans ce cas-ci, est indiscutable. Par ailleurs, parce qu'il vit dans une société fortement industrialisée et à haut développement technologique, le Québécois subit une forte pression sociale et économique qui l'incite, par exemple, à acquérir des biens de communication sophistiqués et coûteux (téléphone cellulaire, vidéocassette, micro-ordinateur) dont le besoin pour le maintien d'un niveau de bien-être acceptable est beaucoup plus discutable. Ce n'est plus une question de vie ou de mort, mais cela devient une question de minimum de consommation nécessaire au maintien du rythme de croissance économique. En revanche, comme la géographie physique de son coin de pays l'oblige à parcourir régulièrement de grandes distances, il considérera l'achat d'un véhicule automobile comme une nécessité ; surtout là où les transports publics n'existent pas.

En somme, pour vivre de manière satisfaisante, c'est-à-dire selon les valeurs véhiculées au sein de sa société, le Québécois consomme une part plus grande de la richesse nationale que ne le fait l'insulaire vivant dans un pays où l'industrialisation est un terme dénué de sens. L'élasticité du concept des biens et services essentiels conduit à une définition non plus « réelle » de la capacité contributive, mais elle amène une définition « sociopsychologique ». Ainsi élargi, ce concept donne lieu toutefois à certaines méprises ou plus carrément à certains abus, tant de la part des particuliers que des entreprises. La tentation est forte pour le contribuable de surévaluer ses besoins essentiels et de réclamer des déductions et crédits d'impôts auxquels, en toute légitimité, il ne devrait pas avoir accès. Ces abus n'enlèvent toutefois rien à la pertinence de la définition de la capacité contributive qui prend en compte non seulement le fardeau économique, mais aussi la charge sociale du contribuable.

Le calcul du besoin fiscal et de la capacité contributive

Les calculs pour déterminer la valeur nette du besoin fiscal d'un gouvernement et la capacité contributive du citoyen se font en s'appuyant sur des bases qualitative et quantitative. La première est formée de l'ensemble des opinions émises par des experts, des membres du gouvernement ou des représentants de groupes de pression sur l'état de l'économie, le comportement prévisible du contribuable, etc. Fondées ou pas, contradictoires ou consensuelles, ces opinions sont « écoutées » par les décideurs de la politique fiscale. C'est ainsi qu'on a pu entendre que les limites de la capacité contributive des Canadiens et des Québécois ne sont pas encore atteintes et qu'il suffirait de diminuer la taille du marché noir pour trouver un nouvel espace fiscal. D'autres, au contraire, estiment que le contribuable est essoufflé. Où se trouve la vérité ? Probablement à mi-chemin entre ces deux évaluations.

La seconde base de calcul est moins aléatoire. Elle est constituée d'un agrégat statistique d'indicateurs économiques et sociaux comme la structure de la population en termes de groupes d'âge, les variations de la croissance de la population, le niveau de l'immigration, le taux d'emploi, le PIB, l'indice des prix à la consommation, la mobilité des contribuables – en termes de capacité d'investir, de dépenser et de confier son épargne à l'étranger –, le revenu disponible par habitant, les coûts d'exploitation de l'appareil d'État, les paiements de transferts aux administrations des sous-paliers gouvernementaux, aux entreprises ainsi qu'aux individus, le remboursement de la dette et de ses intérêts, etc. L'analyse de diverses combinaisons de ces éléments en rapport avec le coût actuel des services publics permet, par extrapolation, de déterminer, d'une part, le montant de la facture des services publics pour l'avenir et, d'autre part, la capacité de la collectivité à financer lesdits services.

En dépit de leur caractère scientifique, ces calculs ne débouchent pas sur « la » vérité. Ils laissent encore place à l'interprétation, de sorte que les choix fiscaux des décideurs seront formulés à partir d'hypothèses non confirmées sur la situation réelle de l'économie et des contribuables. Par exemple, certaines statistiques socio-économiques, incitent à conclure que le besoin fiscal du Québec n'a cessé de croître ces dernières années. En effet, de 1987 à 1991, la population québécoise s'est accrue de 252 000 habitants, alors que le taux de chômage passait de 10,3 % à 11,9 % et que les faillites commerciales faisaient un bond de près de deux millions pour s'établir à 2 301 621 $. À la lumière de ces indicateurs, le besoin fiscal apparaît plus grand ; autrement dit, l'État doit dépenser plus pour soutenir une population plus nombreuse et moins active. Une économie ainsi fragilisée, et dans laquelle les dépenses incompressibles du gouvernement effectuent une ponction croissante, ne peut mener qu'au gonflement du besoin fiscal et à la réduction de la capacité contributive.

En revanche, une analyse de la situation à l'aide d'autres indicateurs trace un portrait différent de la situation. On constate alors que, pour la même période, l'emploi total est passé de 2 918 000 à 2 987 000, pendant que la rémunération horaire moyenne connaissait une hausse de 2,37 $, que le taux d'épargne augmentait de 1 %, que le revenu annuel personnel disponible par habitant grimpait de près de 3 000 $ pour se fixer à 15 851 $, et, enfin, que le produit intérieur brut par habitant croissait lui aussi de 3 000 $ pour s'établir à 22 808 $. En somme, selon cette nouvelle version, la capacité contributive aurait suivi, toujours pour la période s'étendant de 1987 à 1991, la courbe de croissance du besoin fiscal.

L'hypothèse d'une fluctuation parallèle du besoin fiscal et de la capacité contributive se renforce si on regarde la situation économique de la famille canadienne (incluant le Québec) sur une période de 30 ans, comme l'a fait le Fraser Institute (1992). Cette étude révèle que la part du revenu consacrée aux biens essentiels a diminué pendant que les dépenses de paiement de taxes et d'impôts augmentaient de façon considérable. En effet, on apprend du Fraser Institute que la famille canadienne moyenne dépensait, en 1961, 35,2 % de son revenu pour se loger, se nourrir et se vêtir, et qu'elle consacrait 22,1 % de ce même revenu en impôts de toutes sortes. Aujourd'hui, cette même famille alloue 25,5 % de son revenu aux dépenses de première nécessité et en verse 31,5 % au fisc. Force est donc de reconnaître que le total de ces deux catégories de dépenses est demeuré à peu près inchangé, soit 57 %.

Que pouvons-nous conclure de cet exposé sur le calcul de besoin fiscal et de la capacité contributive ? D'une part, que les chiffres ne parviennent pas à déterminer sans équivoque si la capacité contributive a finalement augmenté ou diminué nous laissant pour seule certitude un réaménagement de la structure des dépenses et la modification de la capacité contributive. D'autre part, les indicateurs ne suffisent pas,

Tableau 1

**Produit intérieur brut en termes de revenus
Québec, 1976-1991**

(en millions de dollars)

Revenu	1976	1979	1982	1985	1988	1991*
01 Rémunération des salariés	28,403	38,545	51,790	61,753	77,189	89,256
02 Bénéfices des sociétés avant impôt	4,295	6,808	4,903	8,781	14,358	6,637
03 Intérêts et revenus divers de placements	2,805	4,732	6,379	8,255	11,332	13,664
04 Revenu net des exploitants agricoles au titre de la production agricole	413	624	639	750	872	1,055
05 Revenu net des entreprises individuelles non agricoles, loyers compris	2,124	2,678	3,667	5,721	7,179	8,070
06 Ajustement de la valeur des stocks	−561	−1,912	58	−401	−783	442
07 Revenu intérieur net au coût des facteurs	**37,479**	**51,475**	**67,436**	**84,859**	**110,447**	**119,124**
08 Impôts indirects moins subventions	5,335	6,671	9,678	11,986	17,434	20,471
09 Impôts indirects	6,593	8,161	12,236	14,879	19,751	23,413
10 Subventions Dont : subvention fédérale à l'importation du pétrole	1,258 607	1,490 471	2,558 863	2,893 307	2,317 –	2,942 –
11 Provisions pour consommation de capital et ajustements divers	4,883	6,793	9,114	11,099	14,051	16,523
12 Produit intérieur brut aux prix du marché	**47,697**	**64,939**	**86,228**	**107,944**	**141,932**	**156,118**

* Prévisions

à eux seuls, pour permettre aux ministres des Finances de concevoir une politique fiscale qui réponde parfaitement à la situation réelle ; la « réalité » n'étant mesurable que de manière bien approximative. Les décideurs de la politique fiscale doivent donc, en partie, se laisser guider dans leurs choix par leur propre jugement et par leurs opinions.

Le besoin fiscal et la capacité contributive sont deux détermi-nants forts. Cependant, la politique fiscale doit pour être opération-nelle et efficace prendre en compte deux autres déterminants : la pression fiscale et le seuil de tolérance du contribuable à l'imposition.

La pression fiscale et le seuil de tolérance

Les gouvernements font un effort d'imposition qui se traduit en une pression fiscale pour le contribuable. Plus simplement, le responsable des finances du gouvernement exploite en partie ou en totalité le champ d'imposition disponible, ce qui modifie la somme d'argent que le contribuable doit donner au fisc. Le calcul de l'effort fiscal fait appel à des modèles mathématiques fort complexes et nécessite souvent une base comparative entre plusieurs gouvernements. Par contre, la pression fiscale peut assez facilement être mesurée par rapport au PIB. Ainsi, on peut observer que l'ensemble des administrations canadiennes exerçaient en 1961 une pression équivalente à 22,6 % de la valeur totale du produit intérieur brut. Trente ans plus tard, cette pression atteignait 37,5 % ; une progression de 170 %. Au chapitre du revenu familial, le fardeau progressait de 142 % au cours de cette même période, pendant que la pression relative aux dépenses essentielles diminuait, pour sa part, de 138 %.

La pression fiscale, tout comme l'effort fiscal des gouvernements d'ailleurs, varie sensiblement d'une province à l'autre (Fraser Institute, 1992) et en fonction des classes de contribuables. Par exemple, à l'heure actuelle, le fardeau moyen de l'impôt au Canada oscille autour de 10,72 % pour les plus pauvres et autour de 35,82 % pour les plus riches. C'est le cas notamment au Nouveau-Brunswick et en Ontario. Pour Terre-Neuve, on note un écart plus faible entre ces deux groupes, soit une différence de 18,12 %. Au Québec, la variation est de 24,87 %.

La pression fiscale, si l'on se fie au sentiment populaire, ne saurait s'accroître indéfiniment. Il existerait des limites au poids du fardeau des impôts. Lucien Mehl et Pierre Beltrame (1984) sont d'avis que la progression des prélèvements fiscaux peut effectivement être freinée soit par l'opposition sociale qu'elle est susceptible de provoquer, soit par les distorsions économiques qu'elle engendre, ou encore par les difficultés administratives à effectuer les prélèvements. Cela indique la possibilité toujours présente que se manifestent des seuils de tolérance à la taxation. De quelle nature sont ces seuils ? Psychologiques, sociopsychologiques, économiques ? Nous ne le savons pas de manière très précise.

Par ailleurs, le seuil de tolérance qui nous intéresse dans le cadre de ce livre est le point de rupture à partir duquel le contribuable tente par tous les moyens possibles de diminuer son fardeau fiscal. Il aura alors recours à divers subterfuges pour masquer son revenu réel ou à des ruses pour éviter les impôts à la consommation. On admet facilement l'existence de ce phénomène. Mais on le connaît mal et on éprouve beaucoup de difficultés à le situer. On aura beau se demander : À partir de quel taux de prélèvement fiscal le contribuable « démissionne »-t-il ? Il n'est pas encore possible de répondre de façon satisfaisante et définitive à cette question. La première difficulté qu'il nous faut résoudre est la prise en compte d'une multitude de facteurs allant de l'économique au culturel en passant par le psychologique qui se conjuguent au gré des conjonctures et en fonction de prélèvements fiscaux spécifiques.

Arthur Laffer a représenté le phénomène du seuil de tolérance en traçant une courbe qui porte désormais son nom. En s'appuyant sur la loi des rendements décroissants, il a établi que lorsque la pression fiscale excède un seuil d'imposition x, les recettes diminuent en proportion de l'augmentation de la pression fiscale. Suivant cette analyse, un taux d'imposition de 100 %, comme l'indique la figure 1, ne devrait théoriquement générer aucun revenu puisqu'on aurait d'ores et déjà

Figure 1

Courbe de Laffer

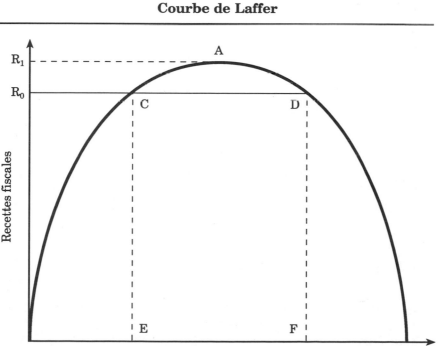

Taux de l'impôt

découragé toutes formes d'activités génératrices de prélèvements fiscaux. La surtaxation au Canada des produits du tabac est un bel exemple de ce phénomène. On a constaté qu'au moment où la taxe sur les cigarettes atteignait un niveau sans précédent, les revenus tirés de cette imposition décroissaient. La surtaxation ayant contribué à l'éclosion d'un marché de contrebande au lieu d'enrichir les coffres de l'État, d'une part, et ralentir la consommation comme le souhaitait le lobby antitabac, d'autre part.

Dans ce cas précis, il semble possible de situer le seuil de tolérance. En ce qui concerne l'impôt sur le revenu, cela semble moins aisé. Un argument fort populaire chez les opposants à l'impôt progressif sur le revenu est qu'une imposition trop lourde émousse la volonté de travailler et de produire. Les recherches de George Break (1957), de Morgan, Barlow et Brazer (1965), de Fields et Stanbury (1970) ou de Margaret Bobey (1978) ont mis en doute l'effet d'éviction ou de désincitation au travail de l'impôt progressif sur les salaires. On explique cela (McCready, 1984) par la méconnaissance, chez l'individu, du taux marginal réel, du clair-obscur dans lequel baigne la relation travail–imposition, par la faible capacité qu'ont la plupart des salariés de choisir et de moduler leurs heures de travail et finalement, par le fait que les salariés professionnels sont motivés par beaucoup d'autres facteurs que l'argent et l'impôt. En revanche, le travail au noir pourrait fort bien être considéré comme une manifestation de l'imminence de l'atteinte ou du dépassement du seuil de tolérance.

Le seuil de tolérance à l'impôt n'est pas fixe : il varie selon les conjonctures politiques, économiques et sociales. La démonstration en a été faite par Alan Peacock et Jack Wiseman qui, après avoir observé pendant plusieurs années les données sur les recettes fiscales du gouvernement britannique, ont conclu qu'il se déplaçait. Les recettes fiscales du gouvernement n'augmentaient pas de façon continue ; la courbe de progression avait plutôt la forme d'un escalier. Les chercheurs ont déduit que les brusques augmentations correspondaient dans le temps à la manifestation d'événements d'une haute intensité « émotionnelle » tels que les guerres et les crises économiques.

Ce type d'événement peut être à ce point « traumatisant » pour l'ensemble de la collectivité qu'elle demande alors à l'État d'intervenir même si, pour ce faire, il faudra augmenter le fardeau fiscal. Le traumatisme de l'événement étant plus fort que celui de l'imposition, le contribuable opte spontanément pour le second ; c'est un réflexe que nous pourrions qualifier de naturel face au danger. C'est de cette façon que s'explique l'hypothèse de déplacement du seuil de tolérance. Des sondages ont, en effet, montré que les contribuables canadiens seraient prêts à accepter une augmentation de leur fardeau fiscal s'ils avaient l'assurance que cette ponction additionnelle serait utilisée non pas pour le remboursement des intérêts de la dette, mais pour la production de vrais biens et services publics. De manière plus explicite, le sondage CROP–*L'actualité* (janvier 1994) publié le 15 mars 1994 a révélé que les Québécois sont encore prêts à poursuivre leur effort... mais après que les gouvernements auront démontré une volonté de réformer leur propre gestion et qu'ils se soient mis à la tâche.

Le seuil de tolérance à l'imposition est un déterminant de la pression fiscale tout comme le sont le besoin fiscal et la capacité contributive. Les responsables de la politique fiscale se doivent donc de les évaluer avec le plus de précision possible et ce, malgré les difficultés considérables que nous avons relevées.

Les missions de la politique fiscale

Une définition de la politique fiscale ne serait pas complète sans une description de ses finalités. Aujourd'hui, on affirme que les systèmes fiscaux jouent trois rôles ; il n'en a pas toujours été ainsi. Jusqu'au milieu des années 1930, les gouvernements des sociétés industrialisées et leurs administrations avaient un champ d'action et une taille plutôt modestes. Les idées de John Maynard Keynes et la théorie marxiste n'ayant pas encore eu le temps d'imprégner la chose publique, le concept dominant de l'État était encore très étriqué. Ce dernier, croyait-on à l'époque, devait se faire aussi peu dérangeant que possible et se consacrer principalement à maintenir la sécurité des frontières et la paix entre les citoyens. On était encore loin de l'État-providence qui allait transformer les structures des administrations publiques à compter des années 1960. Au temps de l'État-gendarme, la politique fiscale avait pour seule et unique finalité de procurer aux autorités gouvernementales le minimum de ressources nécessaires au maintien de la sécurité des citoyens et des frontières.

Ce concept minimaliste ne devait pas résister à la crise économique de 1929 qui mit en lumière les défaillances cycliques du tout-puissant marché et les désastreuses conséquences sociales qu'elles ont eues. C'est alors que convaincus par les théories de Keynes sur l'emploi, l'intérêt et la monnaie, les États industrialisés se convertirent peu à peu à l'interventionnisme et à l'utilisation du pouvoir budgétaire pour la relance de l'économie en temps de récession et pour le soutien du rythme de développement en d'autres temps. L'interventionnisme mis au goût du jour dota l'État traditionnel d'un nouveau rôle : celui de concevoir et de gérer des politiques économiques avec mission d'assurer l'équilibre macro-économique (Weber, 1989). Les budgets gouvernementaux devinrent ainsi un facteur de plus en plus crucial de la santé économique des sociétés. Le keynésianisme allait, du même coup, consacrer le caractère mythique de la neutralité de la politique fiscale. La structure de taxation avait dorénavant une incidence économique qu'on ne pouvait plus ignorer.

C'est avec les percées de la théorie marxiste et de ses préoccupations de redistribution de la richesse (Bauche, 1992) que l'État industrialisé, à compter de la fin de la Deuxième Guerre mondiale, allait à nouveau subir une mutation et acquérir la nature providentielle qu'on lui connaît depuis lors. Dans le but d'optimiser le bien-être individuel et collectif, les gouvernements allaient désormais multiplier les programmes de dépenses publiques, notamment ceux concernant l'éducation, la santé et le bien-être. Parallèlement, la fiscalité devint un instrument pour transférer une partie de la richesse des nantis vers les défavorisés. On était persuadé que la progressivité des contributions obligatoires allait permettre une allocation plus juste des ressources et inévitablement une égalité croissante entre les individus. C'était bien avant les travaux de Joseph Pechman (1986) qui devaient éventuellement tempérer cette euphorie. L'État-providence a ainsi ajouté à la politique fiscale la mission de réduire les écarts sociaux et économiques entre les individus.

Des missions complémentaires

Une fois abandonné le modèle de l'État-gendarme, il était inévitable que les missions de stabilisation de l'économie et de redistribution de la richesse apparaissent, car elles forment un tout cohérent. En effet, l'État moderne, démocratique et industrialisé ne pouvant trouver ses ressources ailleurs que dans l'économie privée, il était donc de son intérêt que celle-ci soit la plus dynamique et la plus productive possible. Or, la santé et le développement économique durable nécessite une main-d'œuvre toujours plus nombreuse et toujours plus qualifiée. Une population majoritairement démunie et malade ne peut pas constituer le bassin de producteurs dont la croissance a un besoin vital. Le développement et la richesse durable d'une société ne sont garantis que par la capacité du plus grand nombre de citoyens à investir dans le progrès économique par la consommation et l'épargne ; d'où l'impératif de la redistribution des ressources.

Une part importante des difficultés économiques que connaissent la presque totalité des pays industrialisés à l'heure actuelle est due, en partie du moins, à l'échec relatif des politiques de redistribution. En effet, au Canada, par exemple, la part de revenu accaparé par les plus riches est passé de 53,60 % en 1961 à 57,58 % en 1992. Au cours de la même période, la classe moyenne voyait sa part du revenu diminuer de 35,60 % à 33,20 %. Une perte semblable affligeait les plus pauvres (Fraser Institute, 1992). Les résultats se font sentir en termes de chômage persistant et de diminution du pouvoir d'achat réel et des conséquences économiques graves s'ensuivent.

Sans lui imputer la totalité du blâme, on peut attribuer à la politique fiscale un rôle non négligeable dans la timidité de la redistribution des richesses. En effet, si on examine sur une période plus courte la répartition du fardeau de l'impôt personnel, on observe un alourdissement chez les plus défavorisés et chez la classe moyenne, tandis que l'on constate un allégement du fardeau fiscal des nantis. De 1976 à 1992, la part de ces derniers a diminué de 67,8 % à 65,7 % alors que celle de la classe moyenne grimpait de 29,5 % à 30,1 %. Pendant ce temps, les plus pauvres devaient assumer un fardeau qui croissait de 2,7 % à 4,2 %. Évidemment, ces statistiques ne sauraient être concluantes et doivent être interprétées avec prudence. Elles n'en indiquent pas moins, cependant, l'existence d'un lien, ne fût-il que concomitant, entre la distribution du fardeau fiscal et la répartition de la richesse.

Les trois missions des politiques fiscales en vigueur dans les États modernes et industrialisés sont indéniablement complémentaires. La théorie économique classique ne peut plus, comme le soutient Irwin Gillespie (1991), expliquer de manière complète et satisfaisante les orientations et les contenus des politiques fiscales. L'échec de l'une des missions a des répercussions sur les deux autres et le déséquilibre de l'ensemble met en péril la santé et le développement économique et, éventuellement, les acquis sociaux ainsi que, dans certains cas, les acquis politiques. La difficulté de rendre ces trois missions harmonieuses et efficaces est probablement une des causes de la remise en question de l'État-providence dans de nombreux pays. C'est ce à quoi doivent s'attaquer les responsables et les intervenants de la politique fiscale.

CHAPITRE 2

LES RESPONSABLES
ET LES INTERVENANTS

Les médias nous ont conditionné à attendre fébrilement chacun des discours du budget que les ministres des Finances prononcent en assemblée parlementaire. On a toujours le sentiment qu'il s'apprête à dévoiler quelque secret bien gardé. Le principe du secret entourant le texte définitif du discours a entretenu fort longtemps ce mythe. La réalité est différente. Le ministre fédéral actuel, monsieur Paul Martin, l'a reconnu implicitement dans ce propos extrait du document *Aborder les choix ensemble* : « Le processus de consultation a été lancé de manière que la préparation du budget se déroule non plus à huis clos, dans le plus grand secret, mais dans des forums aussi ouverts que possible [...] » Contrairement à ce que le ministre déclare, la consultation n'est pas une nouvelle façon de concevoir la politique budgétaire. Il n'a fait que le reconnaître et l'élargir à l'ensemble des Canadiens. Le secret, puisqu'il en reste, se limite véritablement au texte définitif ; les raisons qui le justifient étant toujours valables[2].

L'orientation générale du discours fait l'objet depuis longtemps d'une consultation – bien que discrète – auprès de nombreuses personnes, organisations ou institutions affectées de quelque manière par les politiques budgétaires des gouvernements et des administrations. Tous ceux ainsi « sondés » deviennent autant d'acteurs de la politique fiscale ; celle-ci étant le résultat de l'interaction d'acteurs de provenances diverses et dont les intérêts particuliers sont, plus souvent qu'autrement, difficilement conciliables.

On regroupe les acteurs en deux catégories : les acteurs officiels, d'une part, et les acteurs officieux, d'autre part. Les premiers sont en fait les responsables et les seconds des intervenants. Le jeu de ces

---

2. Voir à ce propos J. Harvey Perry, *Taxation in Canada*, 1990, pp. 254 -257.

acteurs est influencé par un ensemble de facteurs qui concourent à définir le contexte dans lequel va se situer la consultation et les éventuelles décisions du gouvernement.

Un jeu de relations de pouvoir

Les relations de pouvoir dans une société sont déterminées par plusieurs facteurs dont certains sont institutionnels, d'autres économiques ou sociaux, voire culturels. L'analyse des finances publiques ne saurait négliger ces facteurs (Doern-Maslove-Prince, 1991). Les uns, notamment les facteurs institutionnels, peuvent être qualifiés de permanents étant soit le fait de lois, de mœurs, de traditions ou encore de traits culturels. De ce nombre, les principaux seraient : le fédéralisme, le gouvernement responsable, la charte des droits et libertés, le capitalisme, les groupes d'intérêts, les médias et les institutions internationales. Tous ces facteurs, par leur nature, imposent une démocratisation des échanges et instaurent un principe de négociation permanente et multipartiste des politiques publiques et, par conséquent, de la politique fiscale.

Les facteurs ponctuels sont plus difficiles à saisir en raison de leur nature aléatoire. Il peut s'agir des crises sociales ou économiques comme les récents conflits avec les autochtones, par exemple, ou encore la récession dont on arrive difficilement à sortir. Cela peut mettre en cause des événements internationaux qui viennent perturber la paix entre les nations ou qui bouleversent l'échiquier politique créant du coup des turbulences idéologiques. Tous ces événements modifient la perception que peut avoir l'opinion publique des acteurs qui s'affrontent au sujet de la politique fiscale.

Un jeu sur plusieurs scènes

Le débat sur la taxation n'est pas confiné au seul cadre institutionnel. C'est un affrontement dont le théâtre contient plusieurs scènes où certains acteurs, en fait les plus influents, se déplacent au gré des événements et des enjeux. Tantôt le jeu se déroule sur la grande scène et s'adresse au grand public, tantôt on dialoguera discrètement sur une scène légèrement en retrait, et seuls quelques observateurs initiés pourront percevoir ce jeu fiscal. Parfois, on pourra entendre de la scène principale des échos en provenance des « coulisses ». On apprendra alors de la bouche d'une agence d'évaluation de crédit comme Standard & Poors que les milieux financiers préféreraient une politique fiscale moins interventionniste. La réplique du monde syndical prononcée par un de leurs représentants inviterait, au contraire, le gouvernement à hausser l'impôt sur le profit des entreprises. C'est donc à une description des différents acteurs et de leurs rôles respectifs que nous vous convenons maintenant.

Les responsables ou les acteurs officiels

Au Canada, c'est en fonction des articles 91 et 92 de l'*Acte de l'Amérique du Nord britannique* de 1867 que sont répartis les pouvoirs et les compétences en matière d'imposition et de finances publiques. Ces pouvoirs et compétences sont partagés entre deux ordres de gouvernement : le gouvernement central et les gouvernements des provinces et des territoires. Les administrations municipales étant, en vertu de l'article 92 de la constitution, une création des provinces, leurs compétences en la matière sont définies par ces dernières.

Les acteurs premiers de la politique fiscale canadienne sont donc les gouvernements fédéral et provinciaux. Toutefois, le fédéral a préséance car il jouit d'un pouvoir non restreint et détient les principaux outils de la politique économique, notamment la monnaie et le pouvoir de légiférer en matière d'échanges et de commerce. De plus, au Canada, le gouvernement central verse d'importantes sommes d'argent aux administrations provinciales et aux individus en guise de paiements de transferts. Ces programmes représentaient en 1993 une somme de 85,5 milliards de dollars, soit 70 % du total des dépenses de programmes du fédéral (Comptes publics, 1993). Pour la plupart des provinces, ces versements sont vitaux ; elles doivent donc attendre que soit rendu officiel le plan financier fédéral avant d'arrêter leurs propres plans budgétaires. C'est pourquoi le discours du budget fédéral précède tous les autres.

Cela dit, la politique fiscale bien qu'elle soit préparée et annoncée par le ministre des Finances est l'affaire de plusieurs responsables et en premier lieu de l'exécutif, c'est-à-dire du conseil des ministres.

Le conseil des ministres

Le conseil des ministres – le Cabinet comme on le nomme au fédéral – est organisé en divers comités dont certains sont permanents et d'autres ad hoc. Ces comités sont chargés de la gestion d'activités ou de secteurs spécifiques du gouvernement. Tous ne sont pas d'importance égale. Les comités responsables de la gouverne des affaires économiques et financières représentent des éléments stratégiques dans le processus de prise de décision en matière de finances publiques. Les ministres qui y siègent sont, en règle générale, des ministres « seniors », qu'on appelle bien souvent les « poids lourds » du gouvernement. Ce sont eux en fait qui, sous la direction du premier ministre, vont fixer les priorités et les objectifs du gouvernement qui, pour l'élaboration de la politique fiscale, constituent les orientations fondamentales.

Le ministre des Finances

Au sein de l'exécutif, la responsabilité de la politique fiscale repose entre les mains du premier ministre en tant que chef du gouvernement et entre celle du ministre des Finances. Si le premier ministre jouit du pouvoir final de décision, le second est l'artisan de la politique de taxation.

Le ministre des Finances, comme tout autre ministre d'ailleurs, n'est pas nécessairement nommé en raison de son expertise en matière économique. Certains titulaires de ce portefeuille n'avaient jamais fait carrière auparavant dans les milieux d'affaires et de la finance. Cependant, en raison de l'importance stratégique de ce poste, le chef de gouvernement y nommera, dans la mesure du possible, une personne qui a acquis une certaine crédibilité en la matière. Par exemple, Jacques Parizeau, à l'époque des premiers gouvernements du Parti québécois, et Michael Wilson, chez les Conservateurs fédéraux, étaient considérés comme des titulaires « naturels ». On voit mal comment un élu ayant peu de notions d'économie et de finances publiques pourrait d'abord travailler efficacement avec ses principaux collaborateurs que sont les sous-ministres aux Finances, et parvenir ensuite à jouir du prestige nécessaire pour faire accepter la politique budgétaire et fiscale de son gouvernement des milieux financiers et de ses concitoyens. Il n'empêche qu'il y a eu des ministres des Finances fort convenables issus de milieux fort éloignés du monde des affaires. Le choix du titulaire du portefeuille des Finances est donc important et stratégique, car les orientations et les décisions de celui-ci auront plus d'incidence sur le taux de satisfaction à l'égard du gouvernement que celles de la plupart des autres membres du conseil des ministres. Cela veut dire aussi qu'une part importante de la crédibilité de la politique fiscale est liée à la personne même du ministre des Finances.

La fonction de ce ministre consiste principalement à concevoir et à mettre en place les politiques économiques et budgétaires nécessaires au soutien de l'État et du rôle que les citoyens lui confient. Il doit donc, par son action, contribuer à créer un environnement économique sain et dynamique, d'une part, et d'autre part, équilibrer les finances publiques. La politique fiscale est à cet égard un outil important mais délicat à manier, comme on a pu le deviner dans le premier chapitre. Un mauvais usage peut affecter le développement de l'économie et déséquilibrer les finances publiques. Comment éviter cet écueil ? Tout d'abord en préparant une ou des propositions de politique fiscale compatibles avec la réalité économique et sociale et, ensuite, en entreprenant un processus de consultation le plus large possible. Le but de cet exercice est évidemment de choisir la politique fiscale la plus satisfaisante ou, exprimé de manière plus réaliste, la moins frustrante pour l'ensemble des contribuables. Par « satisfaisante », il faut entendre une politique la plus équitable, la plus efficace et la plus productive possible compte tenu d'une conjoncture en constante évolution. Il va sans dire que l'atteinte de ces objectifs est extrêmement difficile et exige de manœuvrer sans trop de faux mouvements.

Parallèlement au processus de consultation, le ministre des Finances doit travailler en relation étroite avec quelques-uns de ses collègues notamment le ministre de la Justice, celui du Revenu, celui des Affaires extérieures ainsi que celui de l'Industrie et du Commerce international. Le rôle de ces ministres en matière de politique fiscale est très peu connu mais indispensable.

Le ministre de la Justice est responsable de la rédaction des lois, y compris les lois fiscales. Il lui incombe de faire correspondre la législation fiscale aux finalités de la politique ; c'est là une exigence fondamentale au fonctionnement et à l'efficacité de la taxation. Le programme de crédits d'impôt à la recherche scientifique implanté par Marc Lalonde lors d'un gouvernement libéral montre bien ce que l'incohérence entre la loi et la politique peut coûter. L'objectif dudit programme était de promouvoir la recherche et le développement par l'octroi de crédits d'impôts aux entreprises. Ce secteur économique souffrait alors, et souffre toujours, d'un sous-financement chronique. Malheureusement, comme les vérifications ultérieures l'ont démontré, la stratégie du gouvernement a lamentablement échoué. Les nombreuses lacunes de la loi ont fait la fortune des avocats et des comptables fiscalistes pendant que les sommes injectées dans la recherche et le développement demeuraient insignifiantes. Cette catastrophe a coûté au Trésor public la somme de 2,156 milliards de dollars (Perry, 1990).

Les lois fiscales doivent, de plus, être conformes à la constitution d'un pays. Les contestations juridiques, aussi bien que les carences de la loi, peuvent être des entraves sérieuses à la politique fiscale. Ce fut le cas au Québec en 1993. Un jugement de la cour supérieure sur la constitutionnalité de la surtaxe d'affaires a jeté dans l'embarras les administrations municipales et le gouvernement du Québec et ébranlé la stratégie de délestage de ce dernier.

La coopération avec le ministre du Revenu s'avère tout aussi indispensable. Le titulaire du portefeuille des Finances doit s'enquérir auprès de son collègue du réalisme technique et administratif de la législation fiscale qu'il envisage. Il serait illusoire pour le grand argentier d'espérer que le ministre du Revenu réussisse à percevoir une taxe d'application très complexe si ce dernier n'a pas les ressources ni même l'expertise pour le faire. C'est dans cet esprit que pour la mise en aplication de la TPS le gouvernement fédéral a dû consentir au ministère du Revenu des ressources additionnelles de l'ordre de 110 millions de dollars ; à défaut de quoi la complexité de cette taxe aurait rendu encore plus ardue la réforme de l'ancienne taxe de vente fédérale.

Le rôle du secrétaire d'État aux Affaires extérieures (fédéral) en matière de fiscalité s'apparente à celui du ministre de la Justice ; il voit lui aussi au contrôle de la légalité. Il doit faire en sorte que la politique fiscale canadienne respecte les traités et les accords signés avec les partenaires étrangers. Le ministre de l'Industrie et du Commerce international, chargé en quelque sorte de la compétitivité économique du pays, se doit d'examiner avec le ministre des Finances les réactions qu'engendrera l'éventuelle politique fiscale chez les investisseurs étrangers ainsi que ses répercussions sur les prix des produits canadiens. Une politique restrictive risque de rompre l'équilibre trop souvent précaire de la balance commerciale.

Ce ne sont là que les collaborateurs les plus connus et les plus réguliers et qui ont une responsabilité particulière en matière de politique de taxation. Cette liste pourrait inclure la presque totalité des membres du Cabinet de même qu'il nous faudrait ajouter le gouverneur de la Banque du Canada. Réputé indépendant du Cabinet, il gère effectivement la politique monétaire du pays. Cependant, on sait de façon très certaine que ses décisions, notamment celles visant à ajuster le taux directeur, se répercutent sur la valeur et la masse monétaire du dollar canadien. La politique fiscale et la politique monétaire étant économiquement liées, les décisions touchant à l'une affectent automatiquement l'autre.

Les intervenants

Les intervenants n'ont pas de fonction officielle au sein d'un gouvernement ou d'une administration ; ils n'ont donc pas de responsabilité constitutionnelle en matière de politique fiscale et ne sont pas imputables publiquement de leurs gestes. Ils sont toutefois indispensables aux autorités gouvernementales en raison de leur influence sur l'ensemble de la société. On classe parmi ces acteurs tous ceux qui, directement ou indirectement, sont touchés par la politique fiscale et qui, selon leurs attitudes et leurs comportements, feront des choix gouvernementaux autant de réussites ou d'échecs.

Ces acteurs ne forment pas un tout homogène. Leurs préoccupations, tout comme leurs intérêts, sont plus souvent qu'autrement contradictoires et conflictuels. Que l'on songe, par exemple, aux centrales syndicales qui voient dans l'impôt sur les bénéfices des entreprises un moyen de rééquilibrer au profit des travailleurs la distribution du fardeau fiscal et l'occasion de se poser du même coup en champion de la justice sociale. Les lobbies patronaux, par contre, considèrent ce même impôt comme un frein à l'investissement et une perte de revenus pour leurs commettants. On peut répartir les divers intervenants en deux groupes : un premier formé par des acteurs ayant la citoyenneté nationale et un second constitué d'intervenants extérieurs.

Les acteurs nationaux

Ils sont nombreux, diversifiés et possèdent des moyens d'action d'inégale valeur. Les grandes organisations ont la capacité de modifier et de déterminer les enjeux de la vie économique et sociale. Ce sont les organisations de travailleurs, les associations professionnelles, le patronat, les regroupements de consommateurs ou encore les influents organismes privés et publics de recherche et de consultation, sans oublier les médias. Au Québec et au Canada, il s'agit par exemple de la Fédération des travailleurs du Québec, l'Alliance de la fonction publique du Canada, le Conseil du patronat, l'Association des manufacturiers canadiens, l'Association canadienne d'études fiscales, le Conference Board, les chambres de commerce, l'Institut Fraser, etc.

L'importance stratégique de ces acteurs provient de la double fonction qu'ils exercent. D'un côté, ils structurent, articulent et véhiculent une vision particulière de la vie économique, politique, sociale et culturelle de la société. Cette vision, ils la transmettent aux décideurs dans le but avoué de forcer l'application de politiques qui vont refléter leurs intérêts et leurs préoccupations. Pour l'illustrer, revenons brièvement au problème fondamental de la distribution du fardeau fiscal entre les contribuables. Les porte-parole du monde des affaires réclament depuis toujours l'allégement de l'impôt applicable au profit des entreprises soutenant que l'entreprise, donc le secteur privé, est le moteur de l'économie. Pour leur part, les organisations de travailleurs défendent avec acharnement le maintien de l'impôt progressif sur le revenu des particuliers, voyant dans cette taxation un mécanisme qui assure de façon satisfaisante la redistribution de la richesse. L'idée qu'ils se font de la politique fiscale ne peut donc pas être la même. Les premiers souhaitent une structure fiscale où priment les taxes à la consommation tandis que les seconds préfèrent des impôts directs sur le revenu. Ce clivage existe aussi entre les partis politiques et entre les gouvernements (Matouk, 1987 ; Ardant, 1965).

Par ailleurs, ces mêmes acteurs interprètent, analysent et décortiquent la politique fiscale des gouvernements pour ensuite mieux l'appuyer ou s'y opposer. On voit régulièrement après la prononciation du discours du budget, les représentants du monde patronal et les chefs syndicaux interpréter différemment les mesures fiscales. Ce rôle d'intermédiaires les amène à être de véritables partenaires de l'État. Ils sont alors d'ardents promoteurs de la nouvelle politique fiscale ou, s'ils s'y opposent, ils tentent, par divers moyens, de la rendre insupportable à leurs clientèles. C'est là un rôle qui n'est pas négligeable puisque les grandes organisations ont aussi le devoir de maintenir une certaine paix sociale. Contrairement à ce que certaines organisations de travailleurs croyaient dans les années 1970, pour rendre le système meilleur et plus juste, il n'est pas souhaitable et nécessaire de le casser.

L'électeur

L'acteur national, c'est aussi le citoyen en tant qu'électeur et contribuable. Cet acteur est le point de référence de tous les autres que ce soient les gouvernements, les syndicats, le patronat, etc. On parle en son nom, on invoque ses besoins et ses difficultés, on scrute ses attitudes, on le sonde abondamment. Bref, on l'examine à la loupe et sous tous les angles.

Mais pourquoi lui porter une telle attention ? Pour deux raisons. Tout d'abord, parce que l'électeur-contribuable a, par son comportement, une influence décisive sur le rendement de la politique fiscale et, par ricochet, sur la santé des finances publiques. En effet, la connaissance de ce qui lui est acceptable et tolérable ou, inversement, ce qui lui est insupportable, constitue une information clé. Si un gouvernement ne considère pas ou évalue mal cette donnée, il aura entre les mains une politique fiscale dont les effets pourront être opposés à ceux qu'il aurait souhaités. C'est essentiellement ce qui s'est passé dans le cas de la taxation des produits du tabac. Plutôt que d'accroître les recettes de l'État, la surenchère de taxes a encouragé le développement d'un marché de contrebande, privant les coffres du Trésor public de plusieurs milliards de dollars.

Le contribuable est la cible de l'attention des autres intervenants pour une autre raison, plus tactique celle-là. C'est le cas lorsque les groupes de pressions interviennent dans le processus de décision sur les politiques publiques, ils s'exposent constamment à se faire accuser de « corporatisme ». Une telle accusation mine leur crédibilité tant auprès de leurs interlocuteurs (gouvernement ou administration) qu'auprès des citoyens en général. Prenons, par exemple, une association de médecins qui s'opposerait à l'application de frais modérateurs pour les soins de santé. On y verrait sûrement là, pour le corps médical, la crainte de perdre une partie de leurs revenus comme les médecins sont, du moins au Québec, rémunérés à l'acte. Une stratégie plus efficace consisterait donc, pour ce groupe, à faire valoir le danger que représente pour la santé des bénéficiaires l'imposition d'une telle mesure de freinage. Il en serait ainsi pour tout autre groupe dont les intérêts premiers seraient trop évidents.

Les intervenants de l'extérieur

Tout comme les intervenants qui agissent en tant que citoyens canadiens, les acteurs étrangers se répartissent en deux groupes distincts : les acteurs officiels et les acteurs officieux. Les premiers sont ceux qui ont des fonctions gouvernementales et sont chargés de la politique fiscale dans les pays « partenaires » du Canada. Par exemple, le secrétaire au Trésor du gouvernement américain, qui en principe ne participe pas à l'élaboration de la politique fiscale canadienne, va prendre, dans le cadre de ses propres fonctions, des décisions qui vont avoir des répercussions directes et immédiates sur l'économie du Canada. Supposons qu'il met en place une réduction du taux d'imposition des entreprises, il attirera en territoire américain des entreprises qui autrement auraient peut-être choisi de s'installer au Canada ou encore qui y seraient restées. Les ministres des Finances, tant fédéral que provinciaux, ne peuvent donc pas ignorer les décisions de ces acteurs. De telles erreurs sont habituellement fort coûteuses pour la collectivité.

De plus, le Canada, comme tout autre pays souverain participe avec d'autres pays à des accords officiels. Ces ententes de coopération ou d'échanges commerciaux dictent l'établissement de tarifs douaniers qui ont pour effet de réduire la marge de manœuvre des pays participants à ce chapitre. C'est le cas, notamment, des accords du GATT (Accord général sur les tarifs douaniers et le commerce), qui fixent des seuils en matière de droits de douane et déterminent les produits et les services qui en sont frappés ou exclus. C'est aussi le cas du Pacte de l'automobile et, plus récemment, celui du traité de libre échange avec les État-Unis et le Mexique.

En plus des partenaires gouvernementaux étrangers, les pays souverains sont appelés à tenir compte d'organismes non gouvernementaux dont le rôle stratégique et le droit légitime d'intervention est reconnu et accepté. Parmi ces organisations, les plus connues sont la Banque mondiale, l'Organisation de coopération et de développement économiques, et le Fonds monétaire international. En dépit du fait que ces institutions ne détiennent aucun droit de regard légal sur les politiques fiscales nationales, leurs avis, leurs commentaires et leurs recommandations déterminent effectivement en partie, voire en totalité, le contenu des mesures fiscales nationales. Elles agissent comme des préfets de discipline et n'hésitent pas à distribuer les blâmes le cas échéant. Le FMI a, par deux reprises déjà, sermonné le Canada pour la piètre tenue de ses finances publiques. On ne pourra ignorer ces avertissements encore bien longtemps.

La liste des intervenants extérieurs ne serait pas complète sans mentionner cet autre acteur de premier plan que sont les entreprises multinationales. Elles exercent une grande influence sur les gouvernements et, très souvent, elles sont en mesure de négocier avec les États des conditions fiscales on ne peut plus avantageuses pour leurs filiales. Cette position de force sur l'échiquier économique leur vient de leur grande mobilité. Elles se déplacent beaucoup plus facilement que des entreprises uniquement nationales et elles s'installent là où on leur promet les meilleures conditions et les bénéfices les plus élevés. Il arrive donc fréquemment qu'en contrepartie d'un engagement à construire une usine et à créer un certain nombre d'emplois, ces multinationales obtiennent, de la part des gouvernements, des congés fiscaux sinon des rabais d'impôts, de taxes ou encore de tarifs. C'est le cas au Québec pour les alumineries dont les contrats secrets passés avec le gouvernement québécois ont soulevé des débats.

Il y a aussi d'autres organisations d'envergure internationale qui, sans créer d'emploi et sans produire de bien ou de service, jouissent d'un véritable pouvoir d'orientation ; ce sont, comme nous l'avons déjà souligné, les maisons d'évaluation du crédit. Lorsque Standard & Poor, Moody's ou CBRS haussent ou baissent la cote de crédit d'un gouvernement, cela a une incidence directe sur le coût des emprunts effectués par le ministre des Finances. Les évaluations de ces entreprises incitent donc celui-ci à inclure dans son budget des mesures fiscales bien précises, auxquelles il pourrait être réticent, et qui visent à discipliner l'action de l'État.

Tous les acteurs, responsables et intervenants, s'affrontent à visière levée ou de façon plus dissimulée sur l'enjeu majeur de la politique fiscale : la distribution du fardeau des impôts. Chacun tente, dans les mesures de son pouvoir, de faire prévaloir sa vision des choses. Il ne faudrait pas penser, cependant, que les gouvernements sont en attente de l'issue de l'affrontement et qu'ils jouissent de peu d'autonomie. La réalité est plus nuancée que cela. Les gouvernements détiennent un pouvoir d'intervention et de coercition qui en font les maîtres du jeu. Toutefois, comme le souligne Gillespie (1991) leur principal souci étant de conserver un maximum de soutien électoral, ils cherchent à équilibrer les forces. En somme, l'élaboration et le fonctionnement de la politique fiscale sont le produit de l'interaction de tous les acteurs. Toutefois, seuls les gouvernements ou les administrations, et plus particulièrement les ministres des Finances, portent sur leurs épaules la responsabilité définitive de la politique fiscale, bonne ou mauvaise, efficace ou non : ils sont les seuls à ne pouvoir s'en laver les mains.

CHAPITRE 3

LES OBJECTIFS GÉNÉRAUX ET LES CHOIX DE LA POLITIQUE FISCALE

Les responsables de la politique fiscale de même que tous les autres intervenants doivent, pour étayer leurs propositions de politique fiscale, trouver des réponses à trois grandes questions : Qui doit payer les impôts et les taxes ? Quels sont les objets et les activités qui doivent constituer la matière imposable ? Comment et avec quels outils doit-on prélever les ressources de l'État ? Les réponses possibles à chacune de ces interrogations ne peuvent être obtenues sans avoir tenu compte d'un certain nombre de problèmes fondamentaux et d'objectifs à atteindre.

Un souci de justice

Nous consommons tous, souvent à notre insu, des biens et des services publics. En effet, nul ne saurait prétendre démontrer le contraire. Pour un Canadien ou un Québécois, être sous le couvert d'une charte des droits et libertés, recourir aux services de la police ou des pompiers, fréquenter l'école, consulter un médecin ou se déplacer sur les routes, ce sont là diverses formes d'utilisation des services fournis par l'État. Certains de ces services sont visibles et mesurables, d'autres ne le sont pas. Tous cependant constituent un bénéfice pour celui qui en use ou qui en est couvert directement et représentent aussi un bénéfice pour la collectivité. Par exemple, une charte des droits et libertés permet à un citoyen de recevoir un service en cas de besoin. Par ailleurs, l'existence d'une telle charte contribue, sans aucun doute, à assainir les relations entre les citoyens et, par le fait même, participe à la paix sociale qui est un avantage collectif et indivisible. Il est donc juste que tous soient appelés à financer le Trésor public.

Un prix équivalent à l'usage

En revanche, la consommation des biens et services publics varie grandement d'un citoyen à l'autre. Certains en utilisent beaucoup plus que d'autres. C'est le cas, notamment, des camionneurs qui empruntent les grandes voies de circulation. On peut, comme les gouvernements le font, leur imputer une plus grande responsabilité qu'à l'automobiliste occasionnel dans la détérioration du réseau routier. Il en est ainsi des étudiants dont la durée de fréquentation scolaire est plus longue que la moyenne, des malades chroniques hospitalisés en permanence, et ainsi de suite. Les usagers compulsifs devraient donc payer un prix global plus élevé. Prix juste et équivalent au niveau de consommation. D'où la tarification de plusieurs services publics qui permet de distinguer entre le coût d'acquisition d'un équipement ou d'une infrastructure qui doit être partagé par l'ensemble des citoyens parce que cela s'ajoute au patrimoine collectif et le coût de l'exploitation qui profite à long terme à l'ensemble de la société mais dont l'avantage immédiat se limite à certains individus. Cette distinction nécessaire montre bien que la justice est un concept difficile et qu'il prête à une infinité de définitions.

L'ambiguïté du concept vient aussi du fait qu'il existe, du moins dans la tête des gens, une hiérarchie des services dispensés par les gouvernements, de sorte que la circulation sur les routes et l'occupation d'un lit dans un centre hospitalier ne sont pas perçues comme des « dépenses » équivalentes. On a tendance a minimiser le prix du premier en raison surtout de la difficulté d'établir le rapport coût/utilisation comme on est enclin à surévaluer le prix du second en raison même de la relative facilité avec laquelle on peut calculer les coûts directs de chaque lit.

Une question de solidarité

Le caractère ambigu du concept, du moins dans son application, place les responsables de la politique fiscale devant des choix délicats. Les principes élémentaires de justice, rappelons-le, voudraient que les usagers les plus assidus paient plus d'impôts et de taxes. Il ne peut en être ainsi de manière arbitraire, car l'impôt, s'il aspire à la justice, doit tenir compte également de la solidarité entre les membres de la collectivité. Justice et solidarité ne sont pas des concepts incompatibles. Les programmes sociaux et en particulier les programmes de soutien du revenu sont d'ailleurs fondés sur ces principes complémentaires de justice et de solidarité. En effet, le licenciement, la maladie, le handicap, l'accident, ou tout autre sinistre ne sont pas des choix délibérés. Ceux qui sont ainsi affligés temporairement ou définitivement ont un droit légitime à être compensés, ce à quoi peut servir la distribution du fardeau fiscal. Cela signifie qu'une politique fiscale permettra à tous d'accéder aux mêmes biens et services publics sans que tous aient nécessairement à assumer des coûts identiques, et certains pourront même en être totalement exemptés.

L'équité

Selon Luc Weber (1988), l'équité est généralement considérée comme le plus important de tous les critères qui président aux choix de politique fiscale. Elle permettrait presque à elle seule de distinguer entre un bon et un mauvais système de taxation. Il y aurait, ajoute Weber, deux manières de la définir. D'un côté, l'équité s'exprimerait par un principe d'équivalence où chaque contribuable devrait, selon les mots de Weber, payer un montant correspondant aux avantages qu'il retirerait des prestations de l'État. On a vu précédemment que la question de la justice d'imposition est incompatible avec cette première définition. Il faudrait alors opter pour une seconde approche, celle de la capacité contributive. Weber écrit : « Il [le principe] préconise en effet que la charge fiscale doit être distribuée entre les agents économiques conformément à leur aptitude à contribuer au financement des prestations de l'État, soit selon leur capacité économique. Ce principe renonce donc, au niveau des citoyens contribuables, à tout lien entre impôts et prestations publiques. » En somme, comme cet auteur le souligne un peu plus loin dans son ouvrage, l'équité amène l'acceptabilité du système fiscal. Ce qui, en dernier lieu, est la condition essentielle pour un bon fonctionnement de la politique fiscale.

En se basant sur la capacité contributive, le concept d'équité se définirait maintenant de deux façons : horizontalement et verticalement. Par équité horizontale, on entend l'imposition au même tarif[3], les contribuables jouissant d'un volume comparable de richesses, et par équité verticale, on entend une contribution proportionnelle à la richesse évaluée des individus et des entreprises. Il s'agit là, on le voit, d'une des prémisses de l'impôt progressif sur le revenu. Cet impôt qui se justifierait par la nécessité d'égaliser le sacrifice économique de l'impôt et le besoin de solidarité sociale (Salin, 1985). Horizontale ou verticale, la mise en application du critère d'équité ainsi fondé sur la richesse pose toutefois problème.

---

3. Le tarif fiscal comprend le taux initial ajusté aux crédits, aux exemptions ou aux ajouts.

Déjà, dans l'exemple du médecin et du commis, on voyait que le revenu ne peut à lui seul déterminer la capacité contributive réelle. Pour obtenir cette capacité, on doit pondérer le fardeau fiscal en tenant compte des besoins essentiels, de la participation à l'économie ainsi que de toutes les autres contraintes. L'équité fiscale doit donc être définie horizontalement et verticalement suivant la véritable capacité de payer plutôt que les signes extérieurs de la richesse. D'où l'absurdité de la tendance actuelle de vouloir situer la richesse à la hauteur d'un revenu annuel de 60 000 $. Pour plusieurs citoyens qui soutiennent le développement économique par leur consommation et leur épargne, ce revenu est à la limite inférieure du suffisant. Pensons à ce que serait l'économie canadienne si les gens appartenant à cette catégorie de revenus n'achetaient ni maisons, ni véhicules automobiles, ni services de loisir ou d'éducation. En somme, l'équité fiscale n'est pas un concept réductible au seul revenu gagné. On oublie trop souvent qu'on ne peut le conjuguer uniquement avec avoir et être, il faut aussi le verbe faire ; en d'autres termes, les critères de l'équité ne doivent pas seulement être fondés sur la richesse possédée mais aussi sur l'utilisation réelle de cet avoir. Le fait de ne pas saisir toute l'importance du verbe faire dans l'établissement de la politique fiscale engendre souvent un vif étonnement devant le peu d'impôt payé par des individus ou des entreprises apparemment riches et prospères. Distinguer la simple possession des richesses de la mise à contribution sociale et économique des ressources afin de récompenser ces efforts par un prélèvement fiscal équitable constitue un des défis majeurs des responsables de la politique fiscale. Ils n'y parviennent jamais totalement en raison de l'impossibilité d'établir de manière précise la situation des contribuables. Les techniques fiscales en vigueur autorise uniquement une évaluation (la plus fidèle possible) de la situation socio-économique des contribuables.

C'est ainsi que la technique fiscale devient un obstacle additionnel sur la route de l'équité. Par exemple, l'impôt sur le revenu ne peut à lui seul être garant d'équité à cause de l'élasticité du concept de revenu et de la pratique de l'évitement fiscal que cet impôt engendre. Pour s'assurer de rejoindre tous les citoyens, l'administration fiscale doit recourir à une batterie de prélèvements couvrant toute l'étendue des activités économiques des individus, des entreprises et des collectivités. Ainsi, un contribuable qui parvient à échapper à l'impôt sur le revenu verra ce même revenu taxé au moment où son capital s'enrichira ou lorsque ce revenu lui servira à consommer. Cet exercice de recherche de l'équité comporte donc un certain degré de complexité, ce qui est souvent incompatible avec une autre des attentes des citoyens à l'égard du système de taxation : la simplicité.

Un objectif difficile

Le risque de s'éloigner de l'objectif d'équité tout en cherchant à l'atteindre par une politique fiscale toujours plus complexe a été mis en lumière au moment de la plus récente tentative de réforme fiscale au Canada. En effet, lors du dépôt de son projet en décembre 1987, le ministre fédéral des Finances, Michael Wilson, a attribué la cause des problèmes budgétaires de l'heure au fait que les Canadiens ne respectaient pas le régime fiscal. Le ministre reconnaissait que le régime, avec ses diverses concessions fiscales, avaient mis à dure épreuve l'équité, l'efficience et la stabilité du produit de l'impôt direct en permettant à bon nombre de sociétés rentables et à de nombreux citoyens ayant des revenus élevés d'éviter de payer toute leur part de l'impôt (Wilson, 1987). Le ministre illustrait son propos en affirmant que pour la seule année budgétaire 1984, le manque à gagner relatif aux concessions de toutes sortes a été de 10 milliards de dollars. Des propos similaires ont plus récemment été tenus par le sous-ministre québécois du Revenu qui soulignait lors de sa comparution devant la Commission parlementaire du budget et de l'administration que ses concitoyens avaient déduit, en 1992, 2,8 milliards de dollars de leur fardeau fiscal en achetant des REER (régime enregistré d'épargne retraite). Ces dépenses fiscales et bien d'autres sont-elles justes et équitables étant donné que l'État doit les financer soit en empruntant, soit en transférant le fardeau à d'autres contribuables ? La réponse à cette question réside dans l'utilisation que les contribuables font de ces allégements de leur impôt.

Par contre, ceux qui bénéficient le plus des réductions fiscales pourraient aussi être les plus taxés, comme le fait ressortir le tableau 2. Selon ces données statistiques, plus de la moitié des contribuables dont le revenu moyen se situe entre 75 000 et 100 000 $ sont frappés d'un taux moyen d'imposition qui oscille entre 20 % et 25 %. Un contingent de 21 % de ces mêmes contribuables est imposé à un taux maximal de 15 %. Il y a donc là, en toute certitude, un allégement considérable puisque, toujours selon ce tableau, leur taux de taxation devrait être supérieur à 30 %. Toutefois, une lecture plus poussée révèle que cette classe de contribuables supporte plus de 60 % du fardeau total. La situation est donc paradoxale : une diminution des avantages fiscaux consentis se traduirait par un accroissement de leur fardeau fiscal, bien sûr, ce qui statistiquement serait une mesure équitable. En revanche, le même geste accablerait davantage un groupe de consommateurs essentiels à la santé économique et dont la participation à ce chapitre est majeure. Que faire devant un tel dilemme ? Qui désigner

Tableau 2

Répartition des contribuables en fonction du revenu et du taux moyen d'impôt fédéral sur leurs revenus, 1984

Répartition en pourcentage des particuliers en fonction du taux moyen d'imposition[2]

Revenu total[1]	Nombre de contribuables	% des déclarants	Aucun impôt[3]	Taux moyen 0–5	Taux moyen 5–10	Taux moyen 10–15	Taux moyen 15–20	Taux moyen 20–25	Taux moyen 25–30	Taux moyen 30+	Total
(milliers $)	(milliers)				(%)						
0–10	5,813	37,4	73	18	9	–	–	–	–	–	100
10–20	4,178	26,9	5	16	53	26	–	–	–	–	100
20–30	2,752	17,7	1	3	25	69	2	–	–	–	100
30–40	1,584	10,2	1	2	7	66	24	–	–	–	100
40–50	661	4,3	1	2	5	40	51	1	–	–	100
50–75	396	2,5	2	2	5	15	64	12	–	–	100
75–100	83	0,5	2	3	5	11	26	52	1	–	100
100–150	48	0,3	4	4	5	10	16	40	22	–	100
150 et plus	33	0,2	4	5	5	9	16	19	34	8	100
Total	15,552	100,0	29	12	23	28	7	1	–	–	100

1. Revenu total = revenu de toutes provenances.
2. Taux moyen d'impôt à payer avant crédit d'impôts pour enfants.
3. Contribuables ayant moins de 10 $ ou 0,1 % du revenu à payer en impôt fédéral.

Source: Michael Wilson, *La réforme de l'impôt direct*, Ottawa, 1987, p. 10.

comme éventuel contribuable effectif ? Voilà le premier choix de politique fiscale, c'est un choix social et économique.

En fait, le décideur utilise trois verbes dans son processus d'identification du contribuable : **avoir, être** et **faire**. Le verbe avoir lui permet d'exiger des possédants un effort proportionnel à leurs ressources, ce qui exclut, au départ, les citoyens complètement démunis. Le verbe être l'amène à tenir compte de caractéristiques particulières comme, par exemple, l'âge, le statut civil, les handicaps physiques et intellectuels. Ces critères sociodémographiques établissent une discrimination entre les personnes empêchées par des contraintes physiques ou intellectuelles, d'assumer pleinement des responsabilités sociales et économiques et les autres aptes à le faire. Finalement, le verbe faire aide à récompenser, par allégement fiscal, les contribuables actifs dont la gestion des ressources bénéficie à la collectivité. Les réponses que fournit le questionnement à l'aide de ces trois verbes se traduisent, au plan de la technique fiscale, entre le choix de l'impôt réel et le choix de l'impôt personnel (Gaudemet et Molinier, 1993). L'impôt réel, c'est le fardeau fiscal tel qu'il est prescrit par les lois de l'impôt ; tandis que l'impôt personnel, c'est l'impôt réel réduit des exonérations et crédits de toutes sortes destinés à reconnaître, de manière concrète, l'avoir, l'être et le faire chez chaque contribuable. C'est au terme d'un processus de sélection que l'identification du contribuable de fait, par opposition au contribuable légal, sera réalisée.

Les sociétés modernes sont d'une grande hétérogénéité aussi bien sur le plan culturel, social, économique que politique. Il y coexiste des riches et des pauvres, des individus en bonne santé et des malades, des capitalistes résolus et des socialistes convaincus ; sans compter que, principalement dans les grandes capitales et les métropoles, des populations aux us et coutumes des plus diversifiés se côtoient. La fiscalité a donc dû être modifiée pour que soient reconnus les besoins et les apports spécifiques de ces différents contribuables.

Les questions auxquelles il faut répondre

La mise en vigueur d'une politique fiscale n'est possible qu'au moment où les trois éléments suivants sont réunis : les personnes imposables (physiques ou morales), la matière imposable et le mode de prélèvement. À l'égard de chacun de ces éléments, les responsables de la politique fiscale disposent d'un certain nombre d'options parmi lesquelles elles doivent choisir. Ces options sont autant de questions fondamentales auxquelles ils doivent trouver des réponses satisfaisantes compte tenu des objectifs de justice, d'équité et, compte tenu aussi, des contraintes réelles que sont le stade de développement économique, les valeurs sociales ainsi que les traditions historiques des sociétés modernes et démocratiques.

Qui contribuera ?

En 1991 au Canada, il y avait 13 710 450 particuliers qui ont effectivement payé des impôts sur un bassin possible de 19 050 830 personnes. Cela signifie qu'en proportion 28 % des personnes ayant un revenu n'ont pas payé d'impôts. Au Québec, le rapport entre contribuables légaux et contribuables de fait est sensiblement le même ; 29,8 % des contribuables dont la contribution à l'impôt sur le revenu ayant été nulle. Qui a contribué de ses deniers au Trésor public, qui en a été exempté et pour quels motifs ? Ce fut là les premières et les plus délicates des questions qui s'étaient posées aux décideurs. La réponse n'était, de prime abord, ni évidente, ni simple. Ces questions sont récurrentes. Pour y répondre, on dispose, dans nos sociétés libres et démocratiques de critères qui reçoivent l'assentiment de tous : il s'agit des critères de justice et d'équité.

Contribuable légal ou contribuable de fait

Rappelons tout d'abord qu'il existe, comme l'enseigne la théorie fiscale, essentiellement deux catégories de contribuables : le contribuable légal ou celui que la législation fiscale désigne expressément et le contribuable de fait ou celui qui supporte effectivement le fardeau de l'impôt. Le premier est soit une personne physique soit une institution ou une entreprise que l'on désigne parfois sous le vocable de « personne morale ». Cependant, comme le dit Pascal Salin dans son essai intitulé *L'Arbitraire fiscal* (1989) les entreprises ne paient pas d'impôt, elles ne sont que des contribuables selon la loi. Ce sont plutôt les actionnaires ou encore les clients et les fournisseurs de la compagnie qui, par le jeu de la réduction des dividendes et de la hausse des prix se partagent le fardeau fiscal de l'entreprise. D'ailleurs, par les temps qui courent, les économistes insistent beaucoup moins sur le niveau de taxation des entreprises contrairement aux milieux syndicaux et à une partie de la classe politique qui le font pour des raisons tenant plus de l'idéologie que de l'économique. Bref, le contribuable de fait est uniquement un individu.

Par ailleurs, il faut dire que les personnes physiques ont, elles aussi, la capacité de transférer une partie ou la totalité de leur fardeau fiscal vers une autre personne. Ce phénomène de translation est toutefois plus difficile à saisir et à mesurer que le premier parce qu'il se manifeste bien souvent hors du cadre de l'économie officielle. C'est le cas, par exemple, de l'ouvrier ou du professionnel dont les services sont rétribués sans aucune déclaration, le paiement s'effectuant de mains à mains sans laisser de trace. Il existe plusieurs manières de réaliser un transfert de fardeau. Il n'est pas nécessaire de les exposer ici ; retenons uniquement qu'à la fin du processus de taxation, il ne reste plus qu'une seule catégorie de contribuables : le contribuable de fait. Toutefois, les responsables de la politique fiscale ne peuvent pas structurer la fiscalité à partir du contribuable de fait ; ils le font en désignant un contribuable légal.

Aux yeux des gouvernements, les contribuables en puissance sont riches ou pauvres, jeunes ou vieux, malades ou bien portants. Ces profils différents dénotent donc une capacité contributive très variable.

Or, comment choisir dans ce bassin les éventuels contribuables légaux si ce n'est au moyen des critères de justice et d'équité ?

Que doit-on imposer ?

Voilà une question à laquelle il est tout aussi difficile de répondre que la précédente. La taxation porte sur ce qu'on appelle en langage technique « la matière imposable ». Elle-même constituée d'objet ayant une valeur économique pour laquelle est déterminée une base d'imposition soit, essentiellement, le nombre ou la valeur. La matière imposable n'est pas exclusivement une chose tangible, comme le soulignent fort à propos Mehl et Beltrame (1984). Cette matière peut tout aussi bien être un objet non matériel ou une notion économique comme le revenu, par exemple. Comme le rappellent Gaudemet et Molinier (1993), les objets de taxation ont beaucoup évolué à travers les époques. Ainsi, par le passé, on a parfois songé à taxer des objets fort inusités. Par exemple, jusqu'en 1926 la France maintenait, comme dans l'Angleterre du XVIIIᵉ siècle, un impôt sur les portes et les fenêtres. Cette mesure a d'ailleurs beaucoup contribué à définir l'architecture des maisons dans ces pays. Autrefois, il y avait des taxes sur les chevaux, les chiens, les pianos, le nombre de personnes mâles valides vivant au foyer du chef de famille. En Russie, on a même jonglé avec l'idée de pénaliser les porteurs de barbe et de moustache, soucieux qu'on était de forcer l'occidentalisation de la culture. Sous la Révolution française, les idées firent même la convoitise du fisc ; on abandonna toutefois rapidement ce projet le jugeant par trop inapplicable. Ces quelques exemples tirés de la petite histoire de l'impôt par Mehl et Beltrame laissent déjà entrevoir que la politique fiscale pouvait avoir des finalités autres que le financement des activités de l'État.

La mutation des objets de la taxation doit aussi être imputée au développement du commerce, des transports, des communications, de la science et de la technologie. La taxe d'aéroport, par exemple, était inconnue au début du XXᵉ siècle, tout comme l'imposition des communications téléphoniques ou encore la taxe sur les énergies fossiles ne pouvaient exister avant qu'on les découvre, qu'on les invente ou qu'on les exploite. Il ne serait pas étonnant alors qu'advenant la fabrication de clones humains, on puisse envisager de les imposer. Toutefois, la norme moderne en la matière amène les gouvernements à privilégier l'imposition des signes extérieurs de richesses, soit le revenu, le capital et la consommation. Les choix de politique fiscale s'effectuant en fonction de la plus grande disponibilité de l'une ou l'autre de ces richesses.

En outre, la matière imposable varie considérablement d'un endroit à l'autre à cause des cultures et traditions différentes que l'on y rencontre. Maurice Baslé écrit dans un de ses ouvrages (1989) que parmi les pays industrialisés certains comme la Norvège, le Danemark, la Grèce ou le Portugal, affichent une dominante fiscale sur les biens et les services. D'autres, le Japon et les Pays-Bas en particulier, insistent fortement sur la taxation des bénéfices des sociétés. La Suède, pour sa part, et c'est fort connu, impose lourdement le revenu personnel. Voilà donc des pays fort différents et qui taxent différemment. Les valeurs et les traditions représentent, par conséquent, des contraintes importantes. Cependant, la première contrainte est économique. En effet, comment penser à taxer les revenus si l'état du développement industriel et économique ne le permet pas encore.

Le mode d'imposition

La dernière question de la politique fiscale porte sur le mode d'imposition. En d'autres mots, comment les ressources fiscales des gouvernements seront-elles prélevées ? Directement ou indirectement.

On distingue traditionnellement entre impôts directs pour lesquels il n'y a pas d'intermédiaire entre l'État percepteur et le contribuable et les impôts indirects pour lesquels une tierce partie sert d'intermédiaire entre le fisc et le payeur de taxes. L'usage veut que le revenu soit associé à l'imposition directe et que la dépense soit associée à l'imposition indirecte. C'est une image bien utile pour illustrer la différence entre les deux modes de perception. Cependant, la dictinction entre les deux n'est pas aussi simple et ne se résume pas à un classement des objets fiscaux. Une définition complète de chacun des modes nous obligerait à traiter, entre autres, des méthodes et des techniques d'identification de la matière imposable. Ce n'est pas notre propos et ce n'est pas essentiel non plus à la compréhension de la démarche de conception de la politique fiscale. Qu'il suffise de retenir que chacun de ces modes de prélèvement des ressources de l'État comporte des avantages et des inconvénients et a des incidences économiques et sociales importantes, comme le suggère implicitement la théorie de Hinrich.

Le choix du mode de perception pour chacun des objets de la matière imposable dépend en premier lieu de la nature de l'objet, de sa ~ponibilité ainsi que de la fréquence de ses manifestations. Ainsi, il ~lus facile sur le plan technique et moins coûteux d'imposer de ~ directe un objet stable comme le revenu salarial qu'un objet comme la consommation qui est, par définition, aléatoire. Ensuite, la détermination des modes d'imposition doit respecter, comme dans le cas de la matière imposable, les valeurs sociales, les traditions et l'état de l'économie, sans oublier que le mode d'imposition doit être compatible avec les objectifs de justice et d'équité.

Une réponse selon la philosophie politique

Par ailleurs, la distinction entre le mode direct et le mode indirect des impôts, permet d'identifier la philosophie d'un gouvernement. L'impôt direct est, la plupart du temps, associé aux gouvernements interventionnistes, alors que l'impôt indirect est plutôt le fait de gouvernements enclins à laisser agir les forces du marché. Dans le premier cas, le rapport de force s'établit entre l'État et le contribuable, et dans le second, le rapport de force s'exerce entre les contribuables eux-mêmes.

Les embûches de la politique fiscale

Le stade de développement de l'économie

« L'institution d'un système fiscal de rendement élevé n'est possible que dans une économie comportant un certain degré de développement industriel. » C'est en ces mots que Lucien Mehl et Pierre Beltrame (1984) soulignaient le rôle crucial de l'économie relativement à la politique fiscale. Depuis la fin de la Deuxième Guerre mondiale, les économies des pays industrialisés se sont enrichies à une vitesse foudroyante par rapport au calendrier de l'histoire. Le Canada, par exemple, a vu son produit intérieur brut nominal passer de 11,863 milliards de dollars en 1945 à 711,2 milliards de dollars en 1994. Cette progression de 6 000 % en 50 ans a été deux fois plus rapide que celle observée au cours de la période située entre 1870 et 1944 qui a duré 75 ans (Gillespie, 1991). Les politiques fiscales ont joué un rôle de premier plan dans cette évolution, n'en doutons pas. Cependant, ce rôle n'a pas été aussi déterminant que celui joué par la révolution industrielle et les développements qui s'en suivirent, ce que nous enseigne d'ailleurs la théorie de H.H. Hinrichs[4] sur l'évolution du système fiscal. Celui-ci a émis l'hypothèse qu'il existerait une correspondance entre le stade de développement économique d'une société et les structures fiscales que

---

4. H.H. Hinrichs cité dans Lucien Mehl et Pierre Beltrame, *Science et technique fiscale*, Paris, PUF, 1984..

les gouvernements mettent en place. Pour lui, une économie en essor (*take-off*) amène la mise en place d'une structure fiscale où prédomine l'imposition indirecte. Par contre, dans une économie développée, soit le stade ultime de l'évolution, les impôts directs et progressifs se substituent aux impôts indirects comme impôts prédominants. On comprendra donc que dans une économie en voie de développement où les gens vivent en autarcie et les emplois salariés sont peu nombreux que le revenu d'emploi ne peut pas constituer un objet d'imposition valable et productif. En revanche, une société fortement industrialisée possède un bassin d'emplois étendu, ce qui rend alors possible, attrayante et productive l'imposition directe de cet objet. On peut donc en déduire qu'une politique fiscale ne saurait construire un système fiscal sur des objets qui sont soit trop rares ou inexistants.

Par ailleurs, la santé économique de la matière imposable, au même titre que le stade de développement, a une influence déterminante sur les choix de politique fiscale. En effet, une politique de taxation qui serait logique et sensée n'imposerait pas des objets se trouvant dans une telle position de fragilité qu'ils seraient menacés de disparition. C'est ainsi que, pour empêcher le dépérissement, voire la faillite d'un secteur industriel particulier, une administration choisirait de soustraire les produits de cette industrie à toute forme d'impôt. On se souviendra, à titre d'exemple, de la décision du gouvernement péquiste de René Lévesque d'exempter les meubles fabriqués au Québec.

Les valeurs sociales

Les contraintes économiques sont incontournables comme nous venons de le voir. Par contre, elles ne sont pas les seules. Les valeurs sociales et les traditions sont aussi des facteurs décisifs en matière de choix des objets d'imposition.

Les Pères de la Confédération canadienne avaient fort bien compris qu'il fallait accorder aux valeurs sociales une attention toute particulière. Bien qu'ils aient fait preuve d'une certaine myopie quant au devenir du pays naissant, ils ont su jouer avec brio la carte « sociale » au moment du partage des pouvoirs de taxation entre les deux ordres de gouvernement.

La compétence reconnue aux provinces en matière d'imposition directe témoigne de manière éloquente de ce fait. En effet, ayant constaté la grande impopularité de cette forme de taxation, les Pères fondateurs (notamment ceux qui favorisaient l'union législative) en déduisirent rapidement que les provinces n'oseraient pas l'utiliser craignant le mécontentement de la population. Ce faisant, elles se satisferaient des subsides versés par le gouvernement central ; ce qui a préludé au remplacement du compromis fédéraliste par un système unitaire. Il s'agissait donc d'un calcul politique fondé sur l'observation d'un fait social.

Mais revenons aux valeurs sociales sous-jacentes au partage de la fiscalité entre les deux ordres de gouvernements. On peut imaginer qu'à l'époque les Canadiens travaillaient dur pour un pécule fort modeste et leurs acquis représentaient un bien précieux et intouchable. Le travail et l'effort étaient donc sacrés pour ces gens. De plus, on peut supposer que leur identité sociale était intimement liée à leur fonction dans la société. La révolution industrielle et surtout l'ère de la consommation ont modifié le processus de valorisation de l'individu qui, de plus en plus, se définira par son avoir et par son pouvoir de dépenser.

Dans ce contexte de valorisation du bien possédé, un impôt ou une taxe à la consommation contrecarre la valorisation individuelle et sociale, favorise l'apparition de comportements fiscaux délinquants tout en rendant le système fiscal moins productif. C'est pourquoi pour optimiser l'« adhésion » des contribuables à leur politique fiscale, les décideurs ont tout intérêt à articuler une structure de prélèvements compatible avec la hiérarchie des valeurs de leur société. Si les Pères de la Confédération devaient redéfinir aujourd'hui le partage des pouvoirs, il y a fort à parier qu'ils feraient exactement la même chose étant donné qu'aujourd'hui l'emploi est redevenu une denrée rare, donc précieuse.

Les traditions historiques

Les traditions historiques sont la troisième grande contrainte de la politique fiscale. Les traditions historiques ce sont, comme le relèvent Gaudemet et Molinier (1993), l'inertie du système fiscal et la résistance au changement. Ces phénomènes rendent toute réforme ou réorientation de la politique fiscale extrêmement difficile. Avec le temps, comme le notent ces auteurs, les contribuables s'habituent aux impôts en place et apprennent à s'accommoder de leurs irritants. On peut aller jusqu'à dire que la connaissance des failles du système le rend tolérable au payeur de taxes. Tout changement de politique et notamment toute modification de la matière imposable crée une insécurité à laquelle le contribuable préférera le « confort » d'un impôt connu.

« On n'impose pas ce que l'on n'a pas. » Si cette leçon de l'économie au législateur apparaît comme une vérité de La Palice, il existe une autre exigence de non-imposition qui, de prime abord, n'a rien d'évident : « On n'impose pas ce que la société ne veut pas. » C'est là une façon d'exprimer l'influence de l'histoire, des traditions et des valeurs sur la prise de décision en matière de politique fiscale.

En résumé, les choix de la politique fiscale doivent être faits en tenant compte de la contrainte du développement industriel et économique, des valeurs individuelles et collectives attachées à chaque objet de taxation et de la résistance à tout changement. Par ailleurs, ces choix se réalisent, atteignent ou non des objectifs et surmontent ou non des contraintes grâce à l'outil de la taxation que représentent les divers prélèvements.

Les outils de la taxation

Le moyen de la taxation est... l'impôt. C'est un moyen qui comprend plusieurs instruments que les gouvernements utilisent pour appliquer leurs politiques fiscales. Chacun d'entre eux comporte des avantages et des inconvénients au regard des objectifs et des fonctions des politiques de taxation.

Une classification économique

La distinction entre l'imposition directe et l'imposition indirecte est de peu d'utilité quand vient le temps de concevoir une politique fiscale. D'une part, la distinction n'est pas claire comme le reconnaissent la plupart des auteurs. D'autre part, elle ne repose pas sur les activités économiques qui sont les seuls faits générateurs de la taxation, c'est-à-dire les événements qui permettent à l'État d'associer le contribuable et la matière imposable.

Comme la politique fiscale doit composer avec trois missions qui ont toutes un rapport direct avec la richesse individuelle ou collective, elle ne peut être déterminée qu'en fonction des différents stades de cette richesse, soit l'acquisition, l'accumulation et la dépense.

Les impôts sur l'acquisition

Le concept de revenu

Les impôts sur la production de la richesse sont basés principalement sur le revenu individuel et sur le revenu d'entreprise. Le revenu est une notion « élastique » en ce sens qu'il est possible de le définir de

#220   2013-01-09 4:48PM
Liste des emprunts pour :   Ben Ali Amer,

TITRE: First facts. Farm
AUTEUR: Arlon, Penelope
CODEBARRES: J132256
RETOUR LE: 13-01-30

TITRE: Les contraires
AUTEUR: Thorne, Églantine.
CODEBARRES: J114675
RETOUR LE: 13-01-30

TITRE: La politique fiscale : à la reche
AUTEUR: Tremblay, Pierre P., 1946-
CODEBARRES: A149197
RETOUR LE: 13-01-30

Bibliothèque Saint-Léonard
Téléphone : 514 328-8500 p. 8592

manière très restrictive ou, au contraire, de façon très large. Dans son sens le plus limitatif, le revenu ne concerne que la rémunération liée à un emploi telle que le salaire du commis de bureau, le traitement du fonctionnaire ou encore les honoraires de l'avocat ou encore le profit de l'entreprise. À l'autre extrême, on définit le revenu comme étant un gain de quelque source et de quelque nature que ce soit. Dans quel cas, il faut ajouter à la rémunération les bénéfices marginaux émanant d'un emploi, tels que la voiture de compagnie, la rétribution en actions, les pourboires, etc.

Un souci d'équité incite la plupart des pays industrialisés à concevoir leur politique fiscale à partir d'une définition plutôt large, une définition trop restreinte ayant le défaut d'exclure du champ de taxation tous ces éléments qui, pour bon nombre de nantis, se greffent au salaire de base. C'est là une pratique courante chez les entreprises qui souhaitent obtenir pour leurs cadres le meilleur traitement fiscal possible. La compagnie leur verse alors d'importants compléments salariaux sous forme d'actions privilégiées, de prêts sans intérêt, de voiture privée, de résidence secondaire, de voyages, etc. Ces compléments constituent des avantages considérables et permettent d'avoir un niveau de vie qu'un simple salaire ne parvient pas toujours à procurer. Bref, les critères de justice et d'équité sont incompatibles avec une définition très étroite du revenu. Ils s'accommodent mieux d'une définition la plus large possible.

Le revenu des particuliers

La loi canadienne de l'impôt inclut, dans le revenu personnel, la rémunération d'un emploi sous forme de salaire et de gages, le revenu d'affaires découlant d'une activité professionnelle, commerciale ou industrielle, les intérêts et les dividendes ainsi que, depuis 1989, les deux tiers de tout gain en capital excédant l'exemption consentie de 100 000 $ à vie. Le gain en capital ne comprend toutefois pas le profit tiré de la vente de la résidence principale. De plus, la loi prévoit que les gains faits à l'étranger par un Canadien sont imposables aux taux en vigueur au Canada et payables en devises canadiennes.

Le grand avantage de l'impôt sur le revenu est sa stabilité, ce qui est de première importance pour le budget de l'État. Par ailleurs, il facilite l'utilisation de taux progressifs qui, on l'a vu, sont un facteur fondamental dans la recherche de l'équité. Contrairement à la consommation, par exemple, l'impôt sur le revenu est facilement personnalisé pour tenir compte de la situation particulière de chaque contribuable.

Tableau 3

CLASSIFICATION DES IMPÔTS AU SENS DE L'OCDE

1000 **Impôts sur le revenu, les bénéfices et les gains en capital**
    1100   Impôt sur le revenu, les bénéfices et les gains en capital des personnes physiques
          1110   Sur le revenu et les bénéfices
          1120   Sur les gains en capital
    1200   Impôts sur le revenu, les bénéfices et les gains en capital des sociétés
          1210   Sur le revenu et les bénéfices
          1220   Sur les gains en capital
    1300   Non ventilables entre les rubriques 1100 et 1200

2000 **Cotisations de sécurité sociale**
    2100   À la charge des salariés
    2200   À la charge des employeurs
    2300   À la charge des travailleurs indépendants ou des personnes n'occupant pas d'emploi.
    2400   Non ventilables entre les rubriques 2100, 2200 et 2300

3000 **Impôts sur les salaires et la main-d'oeuvre**

4000 **Impôts sur le patrimoine**
    4100   Impôts périodiques sur la propriété immobilière
          4110   Ménages
          4120   Autres agents
    4200   Impôts périodiques sur l'actif net
          4210   Personnes physiques
          4220   Sociétés
    4300   Impôts sur les mutations par décès, les successions et les donations
          4310   Impôts sur les mutations par décès, les successions et les donations
          4320   Impôts sur les donations
    4400   Impôts sur les transactions mobilières et immobilières
    4500   Autres impôts non périodiques sur le patrimoine
          4510   Impôt sur l'actif net
          4520   Autres impôts non périodiques
    4600   Autres impôts périodiques sur le patrimoine

5000 **Impôts sur les biens et services**
    5100   Impôts sur la production, la vente, le transfert, la location et la livraison de biens et la prestation de services
          5110   Impôts généraux
                 5111   Taxes sur la valeur ajoutée
                 5112   Impôts sur les ventes
                 5113   Autres impôts généraux sur les biens et services
          5120   Impôts sur des biens et des services déterminés
                 5121   Accises
                 5122   Bénéfices des monopoles fiscaux
                 5123   Droits de douane et droits à l'importation
                 5124   Taxes à l'exportation
                 5125   Impôts sur les biens d'équipement
                 5126   Impôts sur des services déterminés
                 5127   Autres impôts sur les transactions et les échanges internationaux
                 5128   Autres impôts sur des biens et services déterminés
    5200   Impôts sur l'utilisation des biens ou l'autorisation d'utiliser des biens ou d'exercer des activités
          5210   Impôts périodiques
               5211 À la charge des ménages au titre de véhicules à moteur
              5212 À la charge d'autres agents au titre de véhicules à moteur
              5213 Autres impôts périodiques
          5220   Impôts non périodiques
    5300   Non ventilables entre les rubriques 5100 et 5200

6000 **Autres impôts**
    6100   À la charge exclusive des entreprises
    6200   À la charge d'autres agents que les entreprises ou non identifiables

Le fardeau fiscal peut alors être distribué en fonction de critères sociaux et économiques. Ainsi, deux employés travaillant dans la même entreprise, ayant les mêmes tâches, la même expérience de travail et la même rémunération, seront imposés différemment si leurs obligations sociales diffèrent : par exemple, si l'un est célibataire, et l'autre marié et père de trois enfants fréquentant l'école.

Le principal inconvénient de cet impôt, par ailleurs, tient au fait qu'il est trop étroitement lié à la structure d'âges d'une société. Une collectivité vieillissante ou, à l'opposé trop jeune, tend à surimposer un nombre insuffisant de contribuables actifs sur le marché de l'emploi. Cet inconvénient s'amplifie lorsque le taux de chômage est très élevé. De plus, on soutient et, c'est d'ailleurs un des arguments favoris des opposants à ce type de taxation, qu'il décourage l'effort et la production, ce qui est loin d'avoir été démontré, comme on le verra au chapitre suivant.

Le revenu des entreprises

L'imposition des entreprises est une pratique somme toute assez récente. Elle a été instituée en 1871 au Canada. Les États-Unis et l'Allemagne l'ont implantée en 1920, alors que la Belgique et la Grande-Bretagne ont attendu, respectivement, jusqu'en 1962 et 1965.

On taxe les entreprises au même titre que les individus parce qu'elles jouissent autant sinon plus que les individus des services de l'État. Elles bénéficient de législations protectionnistes, des systèmes judiciaire et de sécurité publique ; elles utilisent les infrastructures routières et tirent des avantages indéniables des services d'éducation, de santé et de sécurité sociale.

Les profits bruts ou nets forment l'essentiel du revenu d'entreprise. Ils sont aux yeux des gouvernements et des citoyens un objet de taxation riche et abondant. De plus, l'accumulation de profits est souvent vue comme pas tout à fait légitime et légèrement abusive. Il est de bon ton de la dénoncer, et c'est pourquoi une forte pression fiscale sur les entreprises jouit généralement d'un assentiment populaire. C'est là un avantage indéniable de cet impôt. De plus, comme dans le cas des particuliers, ce type de prélèvement permet d'ajuster la contribution de l'entreprise à la hauteur de ses profits ; donc, d'être progressif.

En revanche, l'imposition du bénéfice des sociétés se traduit souvent, en bout de ligne, par une double imposition pour l'actionnaire. Celui-ci est d'abord imposé en tant que propriétaire de l'entreprise

– son dividende étant calculé non pas sur le profit brut, mais sur le profit net après impôt – puis il est imposé en tant que particulier – son dividende (qui a déjà été imposé) doit être ajouté à son revenu annuel dans sa déclaration. Cette situation explique en partie pourquoi les autorités gouvernementales exercent une pression plus faible sur le revenu des entreprises que sur celui des individus.

Tous ne sont donc pas unanimes sur le bien-fondé de l'imposition des entreprises. Pascal Salin (1985), par exemple, estime qu'en raison du phénomène de la translation du fardeau fiscal, l'entreprise ne paie jamais d'impôts ni de taxes. Dans ces conditions, à quoi bon, selon lui, dépenser des deniers publics pour l'administration d'une taxe imposée à un contribuable qui n'existe pas dans les faits.

Les cotisations sociales

À l'impôt sur le revenu se greffe, parfois, une autre taxe. Il s'agit des cotisations à divers programmes ou régimes, tels que l'assurance-chômage ou les pensions. Ces programmes sont supportés conjointement par le salarié et par l'entreprise, dans des proportions définies par le législateur. Ce type d'impôt a connu une importante progression depuis la Deuxième Guerre mondiale, en raison surtout du nouveau rôle économique et social que s'est donné l'État. Ces prélèvements sont, en effet, typiques de l'État-providence parce qu'ils visent à soutenir l'individu en situation de difficultés temporaires ou à lui permettre de conserver un niveau de vie satisfaisant une fois la retraite venue.

Les impôts sur le capital

Le capital, c'est la richesse accumulée. Le compte de banque, les actions en bourse, les immeubles, les collections d'œuvres d'art peuvent être considérés comme un patrimoine, c'est-à-dire comme l'ensemble des biens individuels appréciables en argent. Contrairement au revenu, le bien en capital n'est pas rapidement réalisable. Par exemple, un citoyen peut posséder une collection de tableaux de grande valeur, mais avoir peu d'argent liquide en sa possession. Pour réaliser monétairement sa richesse, il devra vendre sa collection de tableaux à un prix soumis aux fluctuations du marché de l'art et ce, sans compter qu'il devra sans doute patienter un certain temps avant qu'un acheteur ne se présente. Il en va de même pour les immeubles et résidences, les valeurs mobilières, les bijoux, etc.

Il existe deux façons de prélever un impôt sur le capital. Ce peut être à l'occasion soit du transfert des biens en capital, par exemple, lors de l'attribution d'un héritage, ou soit en cours de détention. Prenons l'exemple d'une maison unifamiliale. Les impôts fonciers que doit acquitter annuellement son propriétaire constituent un prélèvement effectué au moment de la possession du bien. Advenant que le propriétaire décède et lègue la maison en héritage à son enfant, celui-ci pourrait avoir à payer un droit de succession. Dans ce cas, il s'agit d'un prélèvement effectué au moment de la mutation du titre de propriété, donc d'un transfert.

Pourquoi imposer le capital ? Pour éviter qu'une trop grande partie de cette richesse demeure improductive sur le plan social et économique. Une collection privée d'œuvres d'art ne contribue pas à la formation culturelle des citoyens, contrairement à une collection dans un musée. Une richesse individuelle non investie n'est pas non plus créatrice d'emplois ; elle constitue une perte importante en termes de potentiel de développement d'une société. Imposer le capital, le rend donc productif sur le plan social et économique, et non plus uniquement sur le plan individuel. Le capital est aussi imposé parce qu'il procure, notamment dans les cas d'héritages, des avantages et des ressources qui ne sont pas pour les héritiers le fruit du travail et de l'effort. Il y a donc, dans cette imposition, une mesure visant l'équité sociale et économique.

Les impôts sur la consommation

La consommation, c'est la richesse qui se détruit. Mais le mot « destruction », ici, n'a pas nécessairement une connotation négative. Il existe une consommation génératrice de développement économique, qui constitue une activité essentielle du processus de création et de production. Cela peut aussi bien viser la consommation de matières premières par les entreprises que la consommation de nourriture, de vêtements par les particuliers. Il arrive cependant que la consommation qui fait « rouler » l'économie ait en même temps des effets négatifs en raison de la rareté des éléments. C'est le cas, par exemple, pour les matières premières non renouvelables.

Il existe également une consommation dont les effets pervers sont coûteux et qui va à l'encontre du développement socio-économique d'une société. On n'a qu'à penser aux maladies parfois mortelles liées à l'usage du tabac, et aux multiples problèmes qu'entraîne la consommation abusive d'alcool, de médicaments et d'autres drogues. Parce que la consommation n'est pas « une », il devient difficile de lui appliquer un impôt qui tienne compte à la fois des intérêts économiques, sociaux et même philosophiques. Par ailleurs, certains estiment que cet impôt ne peut être véritablement équitable du fait qu'il est ardu de personnaliser les taxes à la consommation. Il est effectivement malaisé de discriminer entre deux acheteurs de caviar, l'un pauvre et l'autre riche, afin que ce dernier paie son produit plus cher par l'addition d'une surtaxe. Une telle politique serait inapplicable : ou bien les consommateurs devraient produire une déclaration de revenu à chacun de leurs achats, ou bien il faudrait que les caissiers et préposés à l'emballage soient des fonctionnaires du fisc !

Il est toutefois possible – mais jusqu'à un certain point seulement – de faire une distinction entre la fortune des consommateurs en ce qui a trait aux produits et services sur le marché. Ainsi, pour reprendre l'exemple du caviar, on sait que sa consommation est très souvent liée à l'accession à un niveau de richesse pécuniaire propre à certaines classes de la société. De là, on voit que l'imposition de ce produit, qu'on peut qualifier « de luxe », frappera, la plupart du temps, une clientèle cible. En jouant sur la « personnalisation » que permettent certains produits de consommation, il est possible pour le fisc de parvenir à une certaine équité.

L'impôt à la consommation se distingue des impôts sur le revenu et sur le capital en ce qu'il peut être rendu indolore. C'est le cas, notamment, lorsque toute la taxation frappant un produit ou un service est incorporée dans le prix de vente. L'essence et l'alcool sont des exemples types où la taxation est imperceptible. Au Québec, le prix moyen du litre d'essence dans une station est de 0,638 $. Les différentes taxes représentent 48,7 % de ce montant, soit 0,311 $. Bien que les consommateurs sachent que ce produit est taxé, la plupart d'entre eux sont inconscients du fait qu'une aussi large part est retournée au fisc. Mais imaginons la situation inverse : le prix affiché est de 0,327 $ le litre d'essence et c'est le caissier qui ajoute la taxe de 0,311 $. L'impôt fait alors sentir sa présence et perd son caractère indolore.

Impôts généraux, spécifiques et monopoles d'État

Il existe un grand nombre d'impôts à la consommation, que l'on peut classer en trois catégories : les impôts généraux sur les biens et les services, tels que la TPS canadienne (taxe sur les produits et services) ou encore la TVQ (taxe de vente du Québec) ; les impôts spécifiques sur les produits, tels que les taxes d'accise et les droits de douane ; et les monopoles d'État.

Les taxes générales à la consommation – qui représentent une assiette fiscale très large – ont pour fonction principale de générer des fonds pour le financement des activités de l'État. Du fait que le nombre de consommateurs qu'il touche correspond, à peu de choses près, à la totalité de la population, cet impôt représente un avantage indéniable en comparaison de l'impôt sur le revenu, surtout dans un contexte de vieillissement de la population. Par ailleurs, puisque le bassin de contribuables est immense, les taux de prélèvement peuvent être maintenus très bas tout en assurant un bon rendement. Ces taxes sont également utilisées pour soutenir, promouvoir ou, a *contrario*, décourager certaines pratiques de consommation.

En plus de servir, eux aussi, à financer l'État, les impôts spécifiques ont des fonctions précises à remplir. On les augmentera dans un but de conservation de l'énergie, de soutien à l'agriculture, de protection de l'environnement, de prévention en matière de santé, de lutte à l'alcoolisme, etc. Il arrive que les autorités gouvernementales choisissent la voie inverse : ils diminuent le taux de taxation soit pour stimuler la consommation d'un produit particulier, soit pour aider ou relancer une industrie défaillante.

Les monopoles d'État, quant à eux, ne sont pas des impôts au sens strict du terme. On les y assimile en raison du fait que seuls le gouvernement, les administrations ou les entreprises du secteur public en ont un contrôle quasi absolu. Sont touchés par cet impôt les produits commercialisés en exclusivité par l'État. Au Québec, on retrouve sous cette rubrique les spiritueux, les jeux de loterie et de casino. À ces produits s'ajoutent les droits et permis reliés à la chasse et à la pêche, au port d'armes à feu, à la conduite, à l'immatriculation et aux assurances automobile. On peut aussi y inclure les diverses amendes, dont les plus courantes ont trait aux infractions au code de la route.

L'État justifie ces monopoles par des raisons de justice sociale, de préservation de l'environnement, de protection de la santé, de prévention de la criminalité ou encore de sauvegarde de la morale publique et collective. Ces facteurs se conjuguent toutefois à un motif majeur : ces entreprises d'État sont sources d'importants revenus. On impose la consommation aujourd'hui parce qu'elle est l'activité économique la plus généralisée dans l'ensemble d'une population. En effet, il n'existe pas d'individu qui soit un non-consommateur absolu. Se loger, se nourrir et se vêtir sont des activités de consommation universelles. La consommation offre donc une assiette de taxation presque infinie et qui, en plus de suivre la croissance de la population, croît dans une même proportion que l'apparition de nouveaux produits et de nouveaux services.

Un de ses principaux inconvénients est que le fisc doit compter sur l'intervention de nombreux intermédiaires comme, par exemple, les commerçants, qui deviennent autant d'agents occasionnels de l'État en recueillant et remettant au fisc les montants des taxes telles la TPS et la TVQ. Ce type d'imposition a aussi le désavantage de favoriser la fraude fiscale. Nombreux sont ceux qui négocient avec le marchand une entente de type « pas de facture, pas de taxe ».

CHAPITRE 4

EFFICACITÉ ET RÉFORME
DE LA POLITIQUE FISCALE

La politique fiscale d'un gouvernement représente un des moyens dont dispose la politique économique. Les administrations s'en servent pour atteindre des objectifs économiques, notamment l'allocation des ressources aux acteurs économiques que sont l'État, les individus et les entreprises ainsi que la stabilité du développement de l'économie. Mesurer l'efficacité de la politique fiscale, c'est donc évaluer sa performance au regard des trois fonctions de la politique. Pour ce faire, il faut d'abord comprendre ce qu'est l'interventionnisme fiscal que l'on peut décrire comme étant le rôle et les méthodes des gouvernements dans la création et l'allocation de la richesse.

Motif et méthodes de l'interventionnisme fiscal

Dans son traité de politique fiscale, Maurice Lauré qualifiait l'interventionnisme comme une méthode d'« interventions conjoncturelles ». Il entendait par là que les administrations conçoivent des politiques économiques anticycliques et qu'ils emploient la taxation comme un moyen d'accélérer ou de ralentir, selon le cas, l'activité économique. Par exemple, en temps de récession, on allégera les taux d'imposition de manière à inciter les individus ou les entreprises à consommer ou à investir, de sorte que la demande de biens et services s'amplifie ou encore que la disponibilité des fonds d'investissement soit plus grande. À l'opposé, lorsqu'il y a risque de « surchauffe », c'est-à-dire au moment où une offre trop forte se conjugue à une consommation débridée, les gouvernements alourdiront la fiscalité dans le but d'obtenir un ralentissement de l'économie, ramenant du même coup un rythme de croissance plus modeste ; le but de cette dernière opération est d'éviter une saturation qui dégénérerait en récession. Les États-Unis, la Grande-Bretagne et la France, entre autres puissances économiques, ont déjà, au cours de leur histoire, mis en place de telles politiques de « contre-courant ».

Pour les gouvernements, l'impôt en tant qu'outil économique offre un avantage indéniable : il est évident au contribuable. Toute réduction ou augmentation du fardeau fiscal se traduit instantanément par un accroissement ou une perte du pouvoir d'achat. Ainsi, une administration qui souhaite, pour une raison ou une autre, diminuer le fardeau fiscal de ses commettants et lui rendre la chose évidente a tout intérêt à le faire par le truchement de l'impôt plutôt que par l'intermédiaire des instruments économiques plus complexes que sont, par exemple, le taux de change et le taux préférentiel, concepts dont la compréhension est difficile pour le simple citoyen. L'impôt constitue donc un lien tangible entre l'État et le citoyen. L'utilisation de l'impôt comme stimulant ou comme frein à la consommation de même qu'à l'épargne ou à l'investissement est un message simple et clair. Donc, les gouvernements utilisent la fiscalité pour des fins économiques ; c'est cela l'interventionnisme.

Des finalités économiques sélectives

Lorsqu'on utilise l'impôt à des fins économiques, on le fait, généralement, en fonction de cibles bien identifiées. L'intervention, peut prendre alors la forme de crédits ou de congés fiscaux pour soutenir une activité d'entreprise ou la recherche et développement. Ce peut être encore un allégement fiscal pour inciter à l'achat d'une première résidence, dans le but de relancer la construction domiciliaire. Les occasions d'intervention, tout comme les modes, sont nombreux. Cependant, parmi tous les procédés à la disposition des administrations, quatre semblent être plus fréquemment utilisés.

Le congé temporaire

Les autorités gouvernementales soucieuses d'attirer une entreprise dans une région particulière du territoire national choisissent souvent de lui accorder une exonération temporaire, totale ou partielle. Cette mesure prend la forme de prêts à des taux réduits pour l'achat de terrains, de locaux ou d'équipement comme le permet, par exemple, la Loi canadienne sur les prêts aux petites entreprises. Au Québec, les constructeurs automobiles Hyundai et General Motors ont déjà bénéficié d'une telle politique. Par ces gestes, le gouvernement québécois a réussi à attirer la firme coréenne à Bromont, et il a empêché la fermeture de l'usine du manufacturier nord-américain qui avait une grande importance économique pour la région des Basses-Laurentides. L'exemption temporaire, partielle ou totale, s'avère bénéfique non seulement sur le plan économique, mais également sur les plans social et politique. En effet, ces mesures, qui au départ sont des dépenses fiscales, ont la réputation de créer un climat de confiance tant chez l'entreprise bénéficiaire et ses travailleurs que chez les citoyens en général qui voient là une mesure susceptible d'enrichir la collectivité.

La promotion de certaines activités économiques

Des interventions peuvent être justifiées par la nécessité de maintenir sur le territoire national, grâce à un effort fiscal modéré, des entreprises et des activités requérant des emplois de haute qualification et fortement rémunérés (Lauré, 1956). Cela se traduit souvent par un soutien à la recherche et au développement, comme c'est le cas pour l'industrie de la pharmacologie à Montréal et les recherches pétrolières en d'autres endroits du Canada. Dans la même veine, de petites entreprises canadiennes ont déjà pu bénéficier d'une aide fiscale gouvernementale par le biais du programme de recherche scientifique et de développement expérimental (RS&DE). L'aide des pouvoirs publics prendra à l'occasion la forme d'un crédit d'impôt à l'investissement. Celui-ci est d'ailleurs de 35 % sur la première tranche de 2 millions de dollars de dépenses en recherche scientifique et développement (Canada, Ministère des Finances, 1993). On sait de plus, qu'au Canada, les activités de conservation et d'exploitation des forêts jouissent d'un traitement fiscal privilégié.

La promotion de l'investissement et de l'épargne

Si les gouvernements désirent protéger des activités déjà existantes, ils veulent aussi, en d'autres temps, promouvoir l'investissement et l'épargne afin de relancer une économie défaillante. Ils emploieront alors des programmes fiscaux tel l'amortissement fiscal des immobilisations, comme l'autorise la *Loi canadienne de l'impôt sur le revenu*. C'est ainsi qu'est apparue l'exemption de 100 000 $ à vie sur l'achat de biens immobiliers. Toujours dans le but d'encourager l'investissement productif d'emplois et de générer un capital de risque notamment pour les petites et moyennes entreprises, on a autorisé, au Québec, des crédits d'impôts aux personnes contribuant à des fonds de placement créés par une centrale syndicale, en l'occurrence, le Fonds de solidarité de la

FTQ. Ce souci de promouvoir l'investissement et l'épargne constitue un chapitre important de la politique fiscale canadienne depuis que les besoins en financement de la dette nationale réduisent la disponibilité des fonds prêtables pour l'entreprise et le consommateur.

L'imposition de produits spécifiques

La taxation de produits spécifiques vise plusieurs objectifs. Entre autres, cet impôt agira, si on le souhaite, comme un frein à la consommation de produits ou de services jugés comme potentiellement dommageables pour la santé ou les bonnes mœurs d'une collectivité ; pensons au tabac, à l'alcool ou aux lignes téléphoniques érotiques. Par ailleurs, le législateur peut vouloir assurer la survie d'une denrée rare pour laquelle le marché est mal assuré ; c'est le cas de certains produits de luxe.

Cependant, l'imposition de produits spécifiques peut viser un tout autre objectif : celui du transfert du fardeau économique des pauvres vers les riches. C'est le même résultat qu'on souhaite obtenir en imposant le revenu des nantis pour en transférer une partie aux démunis par l'intermédiaire des programmes sociaux (Lauré, 1956). Les gouvernements invoquent alors le principe de la plus grande utilité de ces ressources pour les personnes à revenus modestes, d'une part, et, d'autre part, ils estiment que la propension à la consommation des personnes à revenus modestes est plus forte que celle des personnes à revenus élevés. Ainsi, donner de l'argent aux moins fortunés contribue à relancer la consommation.

La politique fiscale est-elle efficace ?

L'interventionnisme fiscal est-il efficace ? Pour répondre à cette question, il faut d'abord se prémunir contre les jugements de valeurs dans lesquels il est trop facile de verser et considérer les limites de l'imposition comme outil des politiques publiques.

Le conflit entre les objectifs

La première difficulté de la politique fiscale comme moyen d'intervention, c'est le conflit entre les grands objectifs de l'imposition. En effet, la justice, l'équité et l'efficacité ne sont pas toujours des ambitions compatibles : trop souvent, elles sont contradictoires. Si un gouvernement se soucie davantage de l'équité, l'efficacité peut en souffrir, et vice versa. Il arrive également que la justice ou l'équité soit plus juste ou plus équitable pour certains et moins pour d'autres. C'est souvent là une question de définition et d'interprétation : il n'existe pas de définition universelle et permanente de ces concepts.

Une évaluation difficile des objectifs

Si l'efficacité financière d'une politique peut aisément se mesurer en chiffres, c'est-à-dire par les entrées nettes dans les coffres de l'État, il en va tout autrement de la justice et de l'équité. Puisque la situation socio-économique diffère suivant les contribuables – particuliers ou entreprises –, comment alors s'assurer qu'il y ait justice et équité entre eux ?

Il est établi que toute personne qui a un revenu, accumule un capital ou consomme un bien ou un service (selon le système fiscal en vigueur) devient *de facto* un contribuable. Mais la mesure de sa contribution peut difficilement se faire à partir de ces trois sources. En effet, l'impôt à la consommation présente un obstacle majeur dans le calcul du montant réel des contributions de chacun. Pour déterminer ce montant avec précision, il faudrait que chaque dépense d'un individu fasse l'objet d'un enregistrement ; cela relève de la science-fiction ou de l'utopie « *Big Brother* ». Pour un gouvernement, la recherche de la justice et de l'équité se fera donc principalement dans le champ du revenu et celui du capital. Mais comment s'assurer de l'atteinte de ces objectifs si tous ne paient pas d'impôt ? C'est le cas, d'une part, de ceux dont le revenu est trop bas et qui sont sans capital et, d'autre part, de ceux qui ont un revenu ou un capital très élevé, mais qui, grâce aux exonérations de toutes sortes et aux conseils judicieux de fiscalistes, parviennent à déjouer les percepteurs. Au Canada, en 1987, comme le notait alors le ministre fédéral de l'époque, Michael Wilson, 1 830 citoyens dont le revenu était supérieur à 100 000 $ n'ont payé aucun impôt sur le revenu ; et 23 % de ceux dont le revenu excédait ce montant ont été imposés à un taux inférieur à 15 %, soit le taux d'imposition moyen des Canadiens les plus pauvres à cette date.

Il faut toutefois comprendre que le fait de ne pas payer d'impôt sur le revenu ne signifie nullement qu'aucun impôt n'est payé, car la complexité de la structure fiscale et la diversification des prélèvements tissent autour du citoyen une toile d'araignée de laquelle il ne parvient pas à s'échapper totalement. Tous ceux dont le revenu est très élevé paient donc un impôt sous une forme ou une autre, mais trop souvent dans une proportion moindre qu'ils le devraient en toute équité.

Il n'y a pas encore de solution miracle à ce problème permanent. Pour tenter de concilier les trois objectifs, les gouvernements recourent à une technique de balancier. Tantôt ils choisiront de favoriser des groupes cibles, tantôt ils auront un préjugé favorable pour d'autres. Ainsi, ce qui, une année, apparaît équitable aux yeux de certains contribuables, le sera moins ou plus du tout, l'année suivante. La lecture des discours du budget d'un gouvernement prononcés au cours de quelques années consécutives nous convainc rapidement de la réalité du balancier. Il n'en saurait être autrement dans un système où la clientèle des partis est très diversifiée et où l'optimisation du soutien électoral sert de principe directeur aux politiques publiques. Cependant, ce jeu de pendule a, à long terme, des effets pervers : il accentue les écarts entre les objectifs.

Un instrument mal adapté

L'objet de la politique économique est de corriger les déséquilibres du marché (Greffe, 1993). Même s'il ne crée pas de richesse, à proprement parler, le secteur public en stimule la création et la redistribue. Pour adoucir l'impact négatif d'une récession ou pour soutenir une économie lente à redémarrer, les gouvernements recourent à leur capacité d'intervention et utilisent les instruments à leur disposition : l'imposition et la dépense. Si la dépense est bien adaptée pour ce faire, l'imposition n'est pas conçue pour cela (Lauré, 1956). Parmi les méthodes d'interventions fiscales, certaines provoquent l'effet contraire à celui recherché. Par exemple, l'instauration d'un droit de douane visant à protéger l'industrie domestique de la concurrence étrangère risque d'avoir un rendement financier nul puisque ce droit menace les importations, source importante de revenus (Gaudemet et Molinier, 1993). Une situation identique prévaut en matière d'impôt sur le capital : à trop forte dose, il décourage l'investissement. Quant à l'imposition des bénéfices, elle encourage les entreprises qui perdent de l'argent au détriment de celles qui sont productives (Lauré, 1956). Par contre, on sait maintenant que l'impôt et les cotisations sociales ont peu d'effet sur l'incitation au travail et à l'effort[5].

Un instrument lent

La fiscalité (sauf dans le cas de certaines taxes indirectes) est un instrument « lent » pour deux raisons. Premièrement, les choix fiscaux

---

5. Voir la note 2 à ce sujet.

avant d'entrer en vigueur doivent recevoir l'autorisation du législateur en raison du principe amené par la Grande Charte de 1215 : pas d'impôt sans consentement. Cela signifie donc que toute mesure fiscale nouvelle doit faire l'objet d'une modification à la loi de l'impôt, ce qui nécessite des délais parfois longs compte tenu du niveau de débat suscité par la proposition. Deuxièmement, les mesures fiscales ne créent pas l'économie. Plus encore, elles agissent sur les structures économiques plutôt que sur l'évolution économique, et leur action s'exerce principalement au chapitre des exemptions. De plus, une fois disparus les motifs de leur établissement, ces exemptions sont difficiles à retirer (Lauré, 1956).

En considérant ces limites évidentes de l'interventionnisme fiscal, on peut s'interroger sur la pertinence d'en vérifier l'efficacité. La réponse est qu'il faut se pencher sur le rendement des politiques fiscales parce qu'elles constituent un débat permanent, qu'elles distinguent les gouvernements et qu'elles ont certainement des effets tangibles par rapport à ses trois fonctions principales : l'allocation des ressources, le développement de l'économie et la redistribution de la richesse.

L'allocation des ressources

L'importance de la dette accumulée par l'ensemble des administrations canadiennes de même que les déficits récurrents des gouvernements du Canada et des provinces laissent planer de sérieux doutes sur la capacité des politiques fiscales à générer les fonds nécessaires aux activités de l'État. À l'heure actuelle, la dette combinée de toutes les administrations est de l'ordre de 700 milliards de dollars, soit à peu près l'équivalent de la valeur totale du produit intérieur brut (PIB) évalué à 711,2 milliards pour l'année budgétaire 1993-1994 (Martin, 1994). On soutient même que, toutes proportions gardées, cette situation est la pire de tous les pays industrialisés.

Cet état de choses n'est pas nouveau. Le Canada a connu plusieurs périodes où les finances publiques furent largement déficitaires. Des événements majeurs comme les guerres mondiales et la Grande Crise économique de 1929 ont eu de graves répercussions, à moyen et long termes, sur l'équilibre des budgets publiques. Cependant, ces moments plus difficiles furent toujours suivis de périodes de grande prospérité. Ce fut le cas notamment au cours des décennies 1960 et 1970 pendant lesquelles l'ensemble des administrations publiques ont enregistré des surplus financiers. Depuis les années 1980, la situation est différente : les déséquilibres budgétaires sont persistants et croissants. On ne peut décemment imputer la faute à la seule politique

Tableau 4

REVENUS ET DÉPENSES DE L'ENSEMBLE
DES ADMINISTRATIONS PUBLIQUES AU CANADA,
1950-1992 ANNÉES CHOISIES
(millions de dollars)

Année	Impôts	Revenus non budgétaires	Total des recettes	Total des dépenses	Surplus ou déficit
1950	4,153	481	4,634	4,080	+ 554
1960	9,596	1,114	10,710	11,380	− 670
1970	27,870	3,930	31,800	31,088	+ 712
1980	93,815	22,493	116,308	124,925	− 8,617
1992	258,704	49,618	307,322	354,076	− 45,754

Source : Statistique Canada, *Comptes nationaux des revenus et dépenses*,
Catalogue 13-001.

fiscale « défectueuse ». En effet, le Canada par exemple, sous la gouverne des Conservateurs de Bryan Mulroney a enregistré, à quelques reprises, un surplus en termes de budget d'opérations. Ce sont les dépenses au titre du service de la dette qui provoquaient à elles seules le déficit de l'ensemble des dépenses.

Les déficits et la dette accumulée ne sont pas aux yeux de tous un signe du mauvais rendement de la politique fiscale au chapitre de l'allocation des ressources. Certains comme Frederick Hayek, Jacques Rueff ou Milton Friedman, pour n'en nommer que quelques-uns, voient là une situation catastrophique. D'autres, notamment ceux qui adhèrent aux théories keynésiennes justifient la création de déficits au nom de l'interventionnisme. Ceux-ci seraient plus enclins à minimiser l'importance de ces indicateurs que sont les déficits et la dette. En somme, la mesure de l'efficacité d'allocation des ressources de la politique fiscale doit être pondérée par d'autres facteurs comme le degré d'interventionnisme des gouvernements et le rendement de l'économie.

Le développement de l'économie

Une économie qui se développe de façon stable est une économie où le taux de chômage est en accord avec le taux de plein-emploi, où le produit intérieur brut augmente à un rythme soutenu et où le taux d'inflation est le plus bas possible. Si, en général, les économistes s'entendent depuis longtemps pour accepter une inflation d'au plus 2 % et une croissance réelle d'au moins 5,5 %, le taux de plein-emploi, pour sa part a tendance à reculer avec les années. En effet, de 3 % de chômage qu'il était jadis, il est devenu acceptable aujourd'hui de le situer à près de 10 %[6]. Somme toute, une politique fiscale efficace contribue à l'atteinte de ces cibles. Or, une rétrospective de ces indicateurs économiques, comme celle de J. Harvey Perry (1989), par exemple, révèle qu'effectivement le taux de chômage au Canada est passé de 2,2 % en 1947 pour se fixer au-dessus de la barre des 10 % dans les années 1980. La croissance réelle en dollars constants (1971) a fluctué énormément au cours de la période d'après-guerre jusqu'à aujourd'hui tout en ne dépassant jamais le plafond de 9,4 % déjà atteint en 1955. Enfin, la cible de 2 % d'inflation a rarement été atteinte au cours de la même période.

La politique fiscale s'est-elle bien acquittée de sa mission économique ? Les données statistiques incitent plutôt à penser le contraire. Cependant, comme dans le cas précédent, il serait hasardeux et téméraire de vouloir tirer des conclusions définitives. Peut-être que le rendez-vous manqué entre la politique fiscale et l'économie doit être porté au compte de l'imperfection de l'impôt comme outil de développement économique.

La redistribution de la richesse

Si la politique fiscale contribuait efficacement à redistribuer la richesse, des changements significatifs seraient observables sur une longue période. Mais tel ne semble pas être le cas. L'effet distributif des politiques fiscales mises en place à ce jour restent pour le moins douteux. Aux États-Unis, par exemple, on a observé que, sur une période de 30 ans, la part du revenu après impôt des 15 % des contribuables les plus riches n'avait pas diminué (Pechman, 1986). Ces riches contribuables accaparaient, en 1952, 30 % de l'ensemble des revenus après impôt, part qui, en 1981, a grimpé jusqu'à 35 %. Les plus riches d'entre les riches n'ont nullement été affectés par les impôts dits « distributifs ». Selon toute vraisemblance, la redistribution a été surtout profitable à des contribuables légèrement moins fortunés, mais dont les revenus se situent encore bien au-delà de la moyenne américaine.

---

6. Voir à ce sujet Douglas J. McCready, *The Canadian Public Sector*, Toronto, Butterworths, 1984, p. 319 ; Douglas G. Hartle, *The Expenditure Budget Process of the Government of Canada*, Toronto, The Canadian Tax Foundation, 1988, pp. 83 à 86 ; Luc Weber, *L'État, acteur économique*, Paris, Economica, 1988, p. 185.

Figure 2

**Distribution de revenu dans la population
Canada**

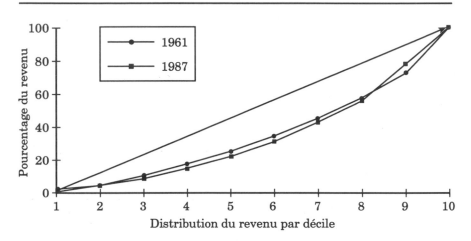

La raison de ce maigre succès obtenu par les politiques redistributives réside dans la non-progressivité effective de l'impôt sur les revenus des particuliers au cours de cette même période. À ce sujet, Pechman constatait (1986) que le taux effectif de l'impôt sur le revenu du premier 1 % des contribuables les plus fortunés est passé de 33 % en 1952 à 30 % en 1981, soit une baisse réelle de 3 %. C'est la catégorie suivante de contribuables qui a essuyé cette perte : son taux d'imposition a crû de 20 % à 23 %.

La situation canadienne se compare à celle des États-Unis. De 1961 à 1992, selon les données de l'Institut Fraser, les contribuables les plus fortunés ont vu leur part du revenu total avant impôt croître de 53,60 % à 57,58 %. Pendant ce temps, la classe moyenne canadienne voyait sa part fléchir de 35,60 % à 33,20 % et les plus pauvres passer de 10,80 % du revenu à 9,22 %. Il ressort de ces chiffres que sur une période de trente ans, en dépit d'un recours accru à l'impôt progressif sur le revenu, la distribution des revenus ne s'est pas améliorée. On comprend mieux ces piètres résultats lorsqu'on considère que, pour les mêmes années, la distibution du fardeau de l'impôt progressif sur le revenu des individus s'est alourdie pour les classes inférieure et moyenne passant de 2,7 % à 4,2 %, dans le premier cas et de 29,5 % à 30,1 % dans le second cas. Par contre, l'imposition de la classe supérieure s'est allégée de 67,8 % à 65,7 %.

Considérée dans son ensemble, la politique fiscale affiche cependant des résultats différents. En effet, tous prélèvements confondus, le fardeau des plus pauvres a fléchi de 8,5 % à 5,8 %. Tandis que celui de la classe moyenne s'est accru de 30,6 % à 31,4 %, tout comme celui de la couche supérieure qui est passé de 60,9 % à 62,8 %. Or, si dans l'ensemble du pays, les efforts de redistribution de la richesse ne semblent pas avoir donné les résultats escomptés, on ne peut en imputer totalement la faute à la politique fiscale. On peut tout au plus conclure que les limites de l'instrument ont influé sur les résultats.

Le remède : la réforme de la politique fiscale

Efficace ou non, compte tenu des critères utilisés et des évaluations qui en sont faites, le système fiscal est périodiquement l'objet d'une volonté de réforme, la raison la plus souvent invoquée étant la nécessité d'en corriger les principaux défauts. Ce besoin se fait ironiquement sentir à l'occasion d'un changement de gouvernement. On comprend que les partis politiques ne conçoive pas le rôle de l'État de la même manière et n'aient pas les mêmes préoccupations en matière de taxation.

Au Canada, par exemple, le dernier projet de réforme de la fiscalité, mis de l'avant par le gouvernement progressiste-conservateur élu en 1984, était clairement une tentative de rompre avec la tradition interventionniste de l'ère Trudeau. Le ministre des Finances de l'époque, Michael H. Wilson, écrivait : « Des raisons impérieuses militent en faveur d'une réforme de la fiscalité au Canada. Celle-ci est injuste à maints égards. Elle réduit la capacité de croissance et de création d'emplois du Canada. Elle devient une source de recettes de moins en moins fiable. » Étant donné l'idéologie économique de son parti, on sentait nettement dans ses propos un souci de donner plus de marge de manœuvre aux forces du marché ; cette orientation s'opposait à celle des gouvernements libéraux précédents. Le ministre libéral Edgard Benson, par exemple, soutenait lors de la première tentative sérieuse de réforme de la fiscalité au Canada, celle de 1971, que : « Les besoins financiers des gouvernements fédéral et provinciaux, qui ont d'importants et d'utiles projets à réaliser, sont si grands que nous ne pouvons maintenant nous permettre de réduire l'ensemble des recettes tirées de l'impôt sur le revenu des particuliers et des corporations. » Doern, Maslove et Perry (1991) ont confirmé que l'objectif premier du gouvernement fédéral d'alors était de faire en sorte que l'impôt sur le revenu devienne la principale source de financement du gouvernement ; cet impôt étant perçu comme plus équitable et plus juste par les contribuables. Cependant, le projet de loi déposé par Benson représentait une version édulcorée du rapport de la commission Carter dont il s'était inspiré, et il l'était également comparé aux intentions premières du gouvernement Trudeau. Doern, Maslove et Perry ont expliqué que les éventuels perdants de la réforme, notamment la grande industrie minière et les gouvernements provinciaux, investirent le processus de consultation mis en place à la suite du dépôt du projet de réforme et réussirent à infléchir la volonté du ministre.

En novembre 1981, les Libéraux et le ministre Allan MacEachen revinrent à la charge lors du discours du budget. Ils s'attaquèrent alors à trois problèmes précis : le coût et l'efficacité douteuse des exemptions fiscales, le handicap que constituait pour les producteurs canadiens la taxe en vigueur sur les produits manufacturés au Canada et l'impôt sur les gains en capital vu comme trop avantageux pour les contribuables fortunés. Le remède proposé était de réduire les exemptions fiscales accordées aux particuliers et de faire accompagner cette mesure d'une diminution du taux marginal d'imposition des entreprises. Allan MacEachen escomptait, par là, récupérer un surplus qui comblerait le déficit budgétaire. Cette tentative de réforme, menée dans le secret de la préparation budgétaire, a suscité un tel tollé que le gouvernement Trudeau a été forcé de faire machine arrière.

Il faudra attendre le projet Wilson pour que l'on puisse assister à des changements significatifs dans la politique fiscale du gouvernement fédéral. Ce projet, contrairement aux précédents, va bénéficier d'un climat favorable. En effet, depuis un certain nombre d'années déjà, la réforme de la fiscalité est inscrite au programme des sociétés industrialisées. Les déficits chroniques et les dettes accumulées par le secteur public de ces pays ont rendu incontournable la révision des systèmes d'impôt. Les projets américains et britanniques surtout vont fournir toute la crédibilité nécessaire à la réforme canadienne.

Le projet de réforme prévoit donc remédier aux principaux malaises du système fiscal par une action comportant deux volets. Premièrement, réduire le nombre de taux d'imposition sur le revenu des particuliers et des entreprises (il n'en subsiste plus maintenant que trois : 17 %, 26 % et 29 %) et convertir les exemptions fiscales en crédits d'impôt. Deuxièmement, remplacer la taxe de vente sur les produits manufacturés par une taxe sur la valeur ajoutée : la TPS.

Le succès du projet Wilson aura indéniablement été plus grand que les tentatives libérales. Mais il n'est pas imputable au seul contexte favorable. Si cette réforme est mieux réussie et plus durable que les précédentes, c'est qu'elle était socialement et psychologiquement désirée. Le succès d'une réforme fiscale tient, en effet, beaucoup à la façon dont sera traitée la variable « psychologique ». Maurice Lauré (1956) notait à ce propos : « On ne peut aboutir à une réforme fiscale que par la restauration du civisme et en se livrant à une préparation psychologique des contribuables. » Les gouvernements retiennent généralement cette leçon. Par exemple, le projet Benson a été précédé de la commission Carter, le projet MacEachen était déjà annoncé, dans le discours du budget de 1981 et celui de Wilson dans les discours de 1985 et de 1986.

La réussite d'un projet de réforme du système fiscal n'est pas garant pour autant de l'efficacité des politiques fiscales ; ce sont là deux choses différentes. D'une part, on peut très bien changer l'ensemble de la fiscalité sans qu'en bout de piste les politiques obtiennent de meilleurs résultats. Comme on l'a vu, les projets de réforme doivent s'inscrire dans une volonté déterminée d'être efficace et non pas se loger uniquement à l'enseigne du changement idéologique.

CHAPITRE 5

LE CONTRIBUABLE ET LE FISC

Une des pierres d'achoppement de la politique fiscale est sûrement le comportement du contribuable. Toute décision en la matière, aussi juste et équitable soit-elle, sera toujours dépendante pour son efficacité de la volonté du payeur de taxes de s'y soumettre. En dépit de lois contraignantes, les individus et les entreprises conservent une marge de manœuvre qui leur permet de se soustraire partiellement ou totalement à l'imposition. Donc, le contribuable a le choix face à l'alternative suivante : la conformité et la fuite. La première option, il va sans dire, ne présente aucune difficulté apparente. Pourtant, elle constitue un problème au même titre que la seconde. En revanche, la fuite devant le fisc n'est pas un geste complètement inutile et nuisible : il répond à des besoins et fournit des informations pertinentes aux autorités politiques. Mais d'abord, faisons certaines distinctions essentielles.

Évasion et fraude : une distinction nécessaire

On associe généralement fuite fiscale à illégalité. Pourtant, bien des moyens d'alléger son fardeau fiscal s'inscrivent dans les cadres d'une stricte légalité. Ce sont, par exemple, les exonérations, les dégrèvements et les crédits d'impôt qui ne sont pas des gestes frauduleux parce qu'ils sont autorisés par la loi de l'impôt. Cependant, ces allégements pavent la voie à des abus qui, sans être illégaux, n'en sont pas pour autant légitimes. C'est le cas, par exemple, de la personne en affaires qui réclame un crédit pour le petit déjeuner d'affaires en compagnie de son conjoint. C'est le cas aussi pour les contribuables qui exploitent systématiquement la moindre faille de la loi. Ces personnes font ce qu'il convient d'appeler de « l'évasion fiscale » ; ils agissent ainsi à la limite du légal et du légitime utilisant plus la lettre de la loi que son esprit. Le fraudeur volontaire, au contraire, est conscient de l'illégalité de son geste et sait pertinemment qu'il encourt des sanctions s'il est repéré. Dans les deux cas, cependant, l'avantage immédiat que constitue pour le contribuable le fait d'éviter partiellement ou totalement l'impôt se transforme en un manque à gagner pour le fisc, ce qui constitue alors un inconvénient à la fois pour les administrations et pour la collectivité.

L'expression de malaises

Le phénomène de l'évitement fiscal ne peut pas se ramener à un simple bilan de gains et de pertes. Le phénomène et les diverses pratiques qu'il amène dénotent l'existence de différents malaises dans une société. Malaises économiques, bien sûr, mais aussi, et surtout, des malaises sociaux et politiques.

Rupture sociale et déficience du sens moral

Lucien Mehl et Pierre Beltrame (1984) ont écrit : « Il existe une corrélation certaine entre le degré de cohésion et de stabilité d'une société, la force de l'attachement que ses membres manifestent à l'égard des principes politiques qui sont à sa base, d'une part, et le niveau de spontanéité et de sincérité dans l'exécution des obligations fiscales, d'autre part. » La force du sentiment d'appartenance dont il est question dans le propos de ces auteurs est donc un élément clé dans l'appréciation du phénomène. Cette rupture de la cohésion sociale est souvent le fait de sociétés en changement, faisant face à des difficultés économiques, politiques et culturelles persistantes.

Dans un contexte de brisures, il ne faut pas s'étonner de constater que le sens du moral et de l'immoral soit moins aigu, donc plus relatif et plus incertain. Un sondage sur la délation, publié par l'hebdomadaire français le *Nouvel Observateur* (du 7 au 13 septembre 1989), nous fournit un bon exemple du relativisme des valeurs notamment en ce qui concerne le devoir fiscal. L'enquête révélait que 34 % des Français se déclaraient prêts à dénoncer volontiers un salarié qui vole son entreprise. Par contre, 12 % seulement feraient de même à l'égard d'un délinquant fiscal. Plusieurs parmi les répondants à l'enquête croient que le fait de dissimuler une partie de ses revenus au fisc ne constitue pas un vol qualifié. À la rigueur, on ira jusqu'à admettre, tout au plus, qu'il s'agit là d'un larcin bien insignifiant et sans grande conséquence. On ne semble pas prendre conscience que cette dérobade sera assumée éventuellement par l'ensemble des contribuables lors d'une majoration des taux d'imposition. On sait maintenant que les Québécois jugent sévèrement ces comportements même s'ils disent en comprendre les raisons (Tremblay et Lachapelle, 1994). Seraient-ils prêts cependant à les dénoncer ? On ne le sait pas encore ; mais, on peut, en toute logique, se demander en quoi ils seraient différents des Français sur ce terrain.

Cet appauvrissement du sens du devoir fiscal, André Margairaz et Roger Merkli (1985) l'imputent au dérapage de l'État-providence. Selon eux, l'État providentiel a tellement étendu ses ramifications, qu'il est désormais perçu comme une entité indépendante des contribuables, une institution détachée de la collectivité ; il y aurait rupture d'identité entre l'État et le citoyen. Tout se passe comme si le citoyen s'était forgé une conception erronée de l'État ; c'est l'illusion de la gratuité qu'invoquait Jean-Luc Migué (1985). Le citoyen ne se sent plus responsable de l'État, comme il l'est habituellement face à ses propres biens. Il ne voit alors dans la taxation que les aspects contraignants et les injustices apparentes. La tentation est alors grande de se faire justice soi-même.

La question morale de l'évitement fiscal est intimement liée au sentiment de justice chez le contribuable. Lorsque des privilèges sont consentis à certains groupes de contribuables, bien que ce soit pour une fin précise et une durée limitée comme on l'a vu au chapitre précédent, une telle décision de politique fiscale est susceptible d'être interprétée comme étant partiale et injuste. Celui qui, en réaction à cela, fuit le fisc ou le fraude ne considère pas son geste comme un délit, puisqu'il est juste, du moins, le croit-il.

Ce qui confère valeur et autorité à une loi, ce sont précisément ces caractères d'universalité, de stabilité et d'impartialité. Or, aucune loi fiscale ne s'applique réellement de manière universelle et impartiale, ne serait-ce qu'en raison du jeu des crédits ou des exemptions. Quant au caractère de permanence, il est complètement dilué par le perpétuel remaniement des lois fiscales. Il en résulte une apparence d'injustice et d'inéquité qui, de l'avis de certains, cautionne la pratique de l'évitement fiscal.

Du sentiment d'injustice au sentiment d'oppression, il n'y a qu'un pas que bon nombre franchissent allègrement. Dès que le fardeau fiscal dépasse un certain seuil, comme nous l'avons déjà mentionné, une partie des contribuables se sentent opprimés et associent chaque prélèvement fiscal à autant de spoliation de la part des administrations. La fuite devant l'impôt leur fournit alors un outil de résistance dans une cause qu'ils estiment être juste.

Un moyen de défense

La fraude et l'évasion fournissent aux contribuables un moyen de résistance. C'est la thèse que soutient Guy Peters (1989) pour qui l'abscence de mouvements organisés de protestation contribue à stimuler la fraude fiscale, les citoyens n'ayant pas à leur disposition un moyen efficace pour exprimer leur mécontentement. Elles sont alors l'affirmation, comme le souligne Jean-Jacques Neuer, d'une contestation de nature politique : « La fraude fiscale est l'expression de l'insurrection de l'individu contre l'État. » (1986) Certains, comme Jean-Claude Martinez (1984) vont d'ailleurs jusqu'à affirmer que la fraude est une preuve de saine démocratie. Il a écrit notament que : « [...] contrairement à l'idée trop simple qui fait de la fraude un comportement antidémocratique, c'est plutôt le seul modeste moyen d'expression directe de son consentement qui est ouvert au contribuable [...] ». On peut penser que Martinez exagère. Peut-être ! Toutefois, l'idée de considérer les comportements abusifs et délinquants comme un exutoire d'un certain mécontentement est séduisante. Ces comportements, tout choquants qu'ils puissent paraître d'un point de vue moral, sont utiles voire souhaitables si servis à petite dose ; ils empêchent l'apparition de comportements beaucoup plus violents porteurs de révolutions. Les gouvernements ne peuvent pas être insensibles à un telle soupape de sécurité. Comme le commerçant qui compense ses pertes dues au vol à l'étalage, les responsables de la politique fiscale doivent probablement ajuster, du moins en partie, les taux d'impôt en fonction de l'évasion et de la fraude ; mais cela, ils ne l'avoueront pas.

L'évaluation des performances gouvernementales

Sur un plan moins philosophique, l'effort que fait un contribuable pour contourner l'impôt constitue un désavœu de la performance de l'administration en place. Ce désaccord peut porter tantôt sur une décision, tantôt sur un programme spécifique ou encore sur l'ensemble des politiques et de l'administration gouvernementales. Le rejet peut aussi être plus profond, plus viscéral : il peut s'agir d'une opposition fondamentale à l'idéologie et aux orientations politiques véhiculées par un gouvernement ou une administration. On comprendra que le contribuable appréciera davantage les politiques gouvernementales dans la mesure où la proximité idéologique avec une administration est grande.

À l'inverse, l'éloignement politique entre le citoyen et le gouvernement est susceptible de favoriser l'évasion. Ce n'est là, cependant, qu'une hypothèse dont la vérification ne s'est pas révélée totalement concluante (Tremblay et Lachapelle, 1994). La méfiance à l'endroit du gouvernement n'est là qu'une piste d'explications parmi bien d'autres. La conformité aux lois fiscales et la retenue face aux possibilités d'évasion n'est pas *de facto* synonyme d'approbation des politiques et programmes gouvernementaux. Il se peut, par exemple, que les outils permettant la fraude soient inaccessibles et il se peut aussi que la crainte et le coût des sanctions fassent reculer certains contribuables moins audacieux. En somme, de tous les comportements fiscaux, celui de la conformité à la loi est probablement celui dont l'interprétation est la plus difficile.

Le calcul économique

Les chercheurs ont longtemps pensé que les raisons qui incitent un contribuable à chercher l'évitement sont prioritairement économiques. Dans leurs études, les motifs d'ordre politique, moral, psychologique et technique tenaient une place secondaire ou n'en tenait aucune. Aujourd'hui, l'avancement des recherches sur le sujet nous montre l'impossibilité d'affirmer péremptoirement qu'un de ces facteurs a préséance sur un autre. L'évitement fiscal procède de l'enchevêtrement de tous ces motifs, mais à des dosages qui varient en fonction des individus et des conjonctures.

Les auteurs qui ne retiennent que le facteur économique comme explication principale de l'évitement fiscal prétendent que le contribuable s'adonne à des analyse coûts–bénéfices avant d'opter pour un comportement ou l'autre. D'autres auteurs vont plutôt faire valoir une activité de gestion du risque. Ils avancent que lorsque le risque d'être attrapé par le fisc à la suite d'une déclaration frauduleuse est grand, le seul ratio que considérera le contribuable sera le rapport gain/pénalité. Selon les probabilités, le contribuable ne se risquera à la fraude que s'il est convaincu que cela lui rapportera des avantages substantiels et que les pénalités encourues constitueront des pertes légères. Quoi qu'il en soit, tous les économistes de la fraude soutiennent que plus l'imposition est lourde, plus le gain éventuel sera alléchant. Ils font peu de place aux pressions sociales et aux valeurs morales dans la détermination des attitudes et des comportements (Mehl et Beltrame, 1984).

Un phénomène conjoncturel et en expansion

La conjoncture économique, tout comme la situation financière personnelle du contribuable, joue un rôle non négligeable dans l'adoption d'un comportement fiscal délinquant. En période de récession, le contribuable cherche instinctivement à maintenir son pouvoir d'achat à défaut de l'accroître ; la fuite devant le fisc lui offre une voie accessible et relativement efficace d'y parvenir. Ce besoin n'est pas aussi pressant dans un contexte de croissance économique, l'augmentation de la pression fiscale pouvant être plus facilement compensée par une majoration du revenu.

Le marasme économique et les divers problèmes sociaux conséquents rendent plus sensible le seuil de tolérance à l'imposition. Les ressources des individus et des entreprises se faisant plus rares, la tentation du délit fiscal devient plus forte ; c'est ce que croient les contribuables eux-mêmes, d'ailleurs. On a posé la question et la majorité des personnes interviewées ont affirmé que la fraude fiscale a augmenté au Québec au cours de la dernière décennie (Tremblay et Lachapelle, 1994). Au cours de la même période, la part des impôts dans l'ensemble des dépenses des individus a augmenté au point où la majeure partie des augmentations salariales a été absorbée par le fisc. On pourrait en déduire que l'importance de l'évitement fiscal est directement proportionnel à l'alourdissement du fardeau de l'imposition. Si cette conclusion était vérifiable sans aucune équivoque, la théorie de Laffer serait démontrée, d'une part, et, d'autre part, le bien-fondé des ambitions anticonjoncturelles de la politique fiscale serait vérifié. Mais ne perdons pas de vue que l'évitement fiscal n'est pas induit par le seul facteur économique ; il est souvent la conséquence de malaises plus profonds et moins faciles à discerner de prime abord.

L'occasion fait le larron

L'habileté du contribuable à contourner les dispositions de la *Loi de l'impôt* est un facteur explicatif du phénomène. En effet, la personne dont les ressources permettent le recours à l'expertise d'un fiscaliste est en bonne position pour affronter le fisc, convaincu qu'il peut être de l'habileté du professionnel de l'impôt. Tandis que l'individu qui doit compter uniquement sur lui-même est généralement moins bien armé et moins téméraire. Pour qui n'est pas rompu aux règles du fisc, les risques de se faire « pincer » sont grands. Malgré tout, ils sont nombreux ceux qui « succombent à la tentation ». Ainsi, pour la seule année 1967 en France, près de 50 % des membres des professions libérales dont les déclarations ont fait l'objet de vérifications ont vu le fisc rehausser leurs cotisations. Par contre, une enquête du *Nouvel Observateur*, publiée le 22 mars 1985 et portant sur le pourcentage de fraudeurs par catégorie de profession, a permis d'établir que les experts-comptables raflent le premier rang au palmarès des meilleurs contribuables. Conclusion : ou bien les membres de cette profession sont plus respectueux des lois fiscales, ou bien ils sont tout bonnement plus aptes à les contourner. Une bonne proportion des répondants à notre propre enquête sur le sujet croient que l'habileté de certains individus rend encore plus injuste un système déjà partial au départ (Tremblay et Lachapelle, 1994). Les lacunes de la loi fiscale, la formation déficiente des agents du fisc et l'action de conseillers fiscaux peu scrupuleux sont d'autres facteurs d'ordre technique qui peuvent aussi stimuler l'évitement fiscal (Margairaz et Merkli, 1985). Au chapitre des occasions d'évasion et de fraude, il faut mentionner aussi l'organisation de l'économie sur le plan mondial qui participe à la progression des sommes dissimulées au fisc. En effet, la libre circulation des capitaux permet aux firmes transnationales et aux individus fortunés de soustraire une part importante, sinon la totalité, de leurs bénéfices à l'emprise de l'administration fiscale des pays d'origine.

Les pratiques de l'évitement

À n'en pas douter, le contribuable est capable d'une grande ingéniosité lorsqu'il s'agit de réduire sa contribution au Trésor public. Pour s'évader, certains vont s'abstenir de poser un « geste taxable » ou de posséder un bien imposable selon la loi. C'est le cas du fumeur qui abandonne son habitude, ou de l'individu qui refusera d'acheter une maison unifamiliale à cause du peu d'avantages fiscaux que cela comporte. D'autres essaieront, quant à eux, de tirer profit de la moindre faille du système, trouvant parfois chez le législateur un allié inattendu et complaisant. L'évaluation forfaitaire de certains biens et revenus, les abris fiscaux, les dons de charité sont autant d'expressions de cette complaisance.

La fraude, comme l'a déjà définie Maurice Lauré (1956), est le fait de donner délibérément une fausse représentation de la vérité afin d'échapper à l'impôt. Cette fausse représentation se fait, la plupart du temps, par la dissimulation matérielle, par les écritures comptables ou encore par la dissimulation juridique. La contrebande constitue la meilleure illustration de la dissimulation matérielle ; on évite ainsi les droits de douanes qui, sur certains produits, peuvent être très élevés. La recrudescence des achats outre-frontière par les Canadiens à une époque encore récente montre bien que cette pratique tend à s'inscrire dans les mœurs, ce qui a pour conséquence de réduire, dans l'esprit de ceux qui s'y adonnent, la gravité du geste.

Les écritures comptables, pour leur part, permettent la double tenue de livre : une pour le fisc et une autre pour les gestionnaires où sont consignés les activités et les résultats réels de l'entreprise. En plus de faciliter l'amalgame des dépenses personnelles et des frais généraux, cette pratique ouvre la voie à l'abus d'amortissements, à la vente sans facture et, inversement, à la facture sans vente. Quant à la dissimulation juridique, elle consiste – pour reprendre les termes de Gaudemet et Molinier – à « maquiller une situation de fait derrière une situation juridique apparente moins exposée » (1993). C'est le cas lorsque les revenus tirés de la participation aux bénéfices d'une compagnie sont encaissés sous forme de salaire, ou encore lorsqu'on fait passer pour une vente ce qui est en fait une simple donation.

Ce ne sont cependant pas tous les impôts ni toutes les taxes qui se prêtent à la pratique de l'évasion et de la fraude fiscales. Les prélèvements qui touchent les cordes sensibles des citoyens et dont l'administration est très complexe sont les plus exposés à l'évitement. De tous les prélèvements, les plus visés par la fraude sont sans nul doute les impôts à la consommation (en raison du « pas de facture, pas de taxe »), talonnés de près par les impôts sur le revenu d'emploi (à cause du travail au noir).

Les conséquences de l'évasion et de la fraude

Outre le fait de révéler un contexte social plutôt moche, l'évasion et la fraude ont des conséquences tangibles : la perte de revenus fiscaux et le déséquilibre de la distribution du fardeau des impôts telle qu'elle est prévue par les objectifs de la politique fiscale. Pour recueillir le montant de revenus dont il a besoin, l'État est contraint, à cause des contribuables qui se dérobent, d'effectuer une pression fiscale accrue sur les contribuables effectifs. Le refus de payer l'impôt réclamé lèse donc le contribuable respectueux de son devoir fiscal et nie du même coup les principes de justice et d'équité évoqués pour justifier l'impôt. Qui plus est, cette pratique modifie, à l'insu de l'autorité gouvernementale, la nature de la politique fiscale et diminue la qualité des résultats de cette politique.

Comme on l'a mentionné plus haut, il est nécessaire que les technicités du système fiscal rendent possible et même alléchante la fuite devant le fisc afin d'offrir aux citoyens un outil de contestation non violent pendant la période entre deux élections. Mais plutôt que de développer une attitude autoritaire et par trop répressive à l'égard des fraudeurs, l'État opte pour la ruse et augmente les impôts. Il s'opère alors un jeu de translation : le plus habile et le plus astucieux transfère son fardeau fiscal à un autre, tout en s'assurant de jouir pleinement des biens et services publics.

Le fardeau fiscal fait donc l'objet d'un double rapport de force ; d'une part, entre le fisc et les contribuables et, d'autre part, entre les contribuables eux mêmes.

Les remèdes à la fuite devant l'impôt

Pour combattre l'évasion fiscale, et surtout la fraude, l'État peut choisir entre la prévention ou la répression. S'il opte pour la première, il devra travailler à rendre le contribuable conscient du rôle de l'État, de ses différentes missions et, surtout, des différentes finalités de l'impôt.

Une stratégie de lutte contre l'évasion et la fraude passe aussi par l'amélioration des relations entre le fisc et le contribuable. Cela peut se faire en informant ce dernier de ses droits et de ses obligations, et en instaurant un plus grand « *fair play* » dans l'administration de la loi fiscale. La prévention nécessite beaucoup de temps, beaucoup de ressources et une excellente coordination de l'ensemble des programmes publics. Ces ingrédients sont loin d'être toujours disponibles, de sorte que, le plus souvent, l'autorité fiscale se rabat sur la répression pour lutter contre la fraude et les abus. On voit alors surgir, comme ce fut le cas récemment au Québec, une « police du tabac » dont le coût ne semble pas justifié par les résultats obtenus.

En somme, la fuite fiscale est un phénomène insidieux dont les effets débordent le cadre trop étroit des budgets publics. Elle mine l'efficacité de l'économie tout en altérant le jeu des rapports sociaux. Bref, pourquoi fuit-on l'impôt ? Parce que les ressources pour le faire existent, parce que la culture de la société y incite, parce que cela peut s'avérer rentable et parce que c'est un moyen de compenser, pour le contribuable, une faiblesse politique réelle ou ressentie.

Or, on peut facilement concevoir qu'une société où l'évitement fiscal se pratique sur une grande échelle est une société pour laquelle les politiques de taxation seront difficiles et peu efficaces. Au contraire, là où le sentiment d'appartenance est très présent, les politiques de taxation vont bénéficier d'un contexte social favorable. C'est pourquoi le comportement du contribuable est une donnée fondamentale de toute politique fiscale.

Lorsque, par exemple, l'économie se cherche un nouveau départ et que les difficultés sociales s'incrustent dans une société en perte d'identité, comme c'est actuellement le cas au Canada, le marasme des finances publiques fait peser sur le citoyen de sérieuses menaces de réduction des services publics, ce qui accentue la menace de l'instauration imminente d'un ratio impôts/services plus faible. Le sentiment d'insécurité que cela engendre crée une situation critique qui enclenche à son tour un processus de désagrégation de la crédibilité des autorités et des institutions publiques, s'installe alors dans la population un climat de méfiance, d'opposition, voire de rejet de l'autorité politique.

CONCLUSION

Le vin moderne est trop souvent plein de sulfure, de stabi-
lisateurs chimiques, de fongicides, d'additifs, d'alcool et
de sucre de betterave. Ce sont ces adjonctions, non l'alcool
de raisin, qui sont à l'origine de la plupart des « gueules de
bois ».

John Saul, *Les bâtards de Voltaire*, p. 339.

Tout comme le vin dont parle John Saul, la politique fiscale des sociétés modernes et industrialisées a été fortement « enrichie » par des
fonctions additionnelles, au point de s'être éloignée au fil des ans de sa
nature première et, de ce fait, de causer des maux de tête permanents
tant aux autorités gouvernementales qu'aux contribuables.

Aujourd'hui, nous sommes très loin du temps où l'impôt n'était
qu'une source de financement des administrations publiques, sans
plus. À présent, les gouvernements usent des impôts pour « façonner »
la société et ce, sous une multitude d'aspects. Ainsi, l'impôt est devenu
un outil économique et social.

Conséquence de cette expansion de l'usage de l'impôt, la politique
fiscale s'est transformée en un terrain où s'affrontent de nombreux
acteurs. Les luttes de pouvoir et d'influence pour satisfaire la diversité
des intérêts qui s'y font jour et qui, le plus souvent, sont contradictoires, ne se livrent pas toujours à visière levée. Qui plus est, le jeu est
rarement d'égale force. Si les moyens d'action de certains des intervenants sont plutôt faibles, en revanche d'autres disposent de leviers très
puissants pour faire entendre leur point de vue.

Les gouvernements arbitrent ces conflits avec « les moyens du
bord », en ce sens que les outils dont ils disposent sont limités et
varient selon les conjonctures. Il faut voir également que ces moyens

ne sont nullement exempts des préjugés que véhicule l'autorité gouvernementale elle-même. Il n'est alors pas étonnant de constater que les politiques fiscales – assimilables qu'elles sont à un perpétuel exercice d'équilibre – soient toujours ressenties comme insatisfaisantes et peu efficaces par l'un ou l'autre des groupes de la société. Comprendre la politique fiscale de l'État, quel que soit le palier administratif concerné, passe donc, avant tout, par l'identification des forces agissantes de la société, de leurs intérêts et de leurs stratégies.

Mais il n'est pas que les tiraillements nés d'intérêts opposés qui offrent des embûches dans le processus d'élaboration des politiques fiscales. Que l'économie s'essouffle, et la marge de manœuvre des décideurs se rétrécit comme une peau de chagrin pour devenir quasi inexistante à certains moments. Ainsi, la plus récente récession économique dont on a peine à sortir a enfoncé davantage les finances publiques dans des difficultés devenues presque insurmontables contraignant ainsi les gouvernements à remettre en cause leurs programmes de dépenses dont l'efficacité est de plus en plus remise en question, programmes qui ont déjà englouti un volume gigantesque de ressources de l'État.

Mais en dépit des efforts de rationalisation, le besoin fiscal des gouvernements ne cesse de croître, en raison principalement de la dette nationale qui atteint des sommets vertigineux. Et alors que s'alourdit le fardeau fiscal des citoyens, du fait de cette dette, leur capacité contributive s'affaiblit. En bout de piste, la pression fiscale est telle pour le contribuable qu'elle engendre chez lui des comportements préjudiciables à la santé financière de l'État, comportements qui permettent d'affirmer que l'impôt peut également être un moyen d'expression politique.

Dans son introduction à un recueil de textes sur la politique fiscale au XXIᵉ siècle, Herbert Stein écrit que l'impôt est l'une des rares choses dont on soit assuré de la survivance. Au cours des prochaines décennies, bien des objets disparaîtront avec l'évolution de nos habitudes, mais la fiscalité demeurera. Elle devra cependant s'adapter à toute une série de phénomènes propres aux sociétés industrielles et dont on ne voit encore que la pointe de l'iceberg. Ce sont, notamment, le vieillissement de la population, la mobilité des capitaux, des entreprises et de la main-d'œuvre, le développement technologique et le bouleversement des valeurs sociales.

Devant cette perspective d'avenir, trouver les ressources pour le financement des programmes publics et les rendre véritablement efficaces sont là les nouveaux défis des gouvernements. Et dans ce grand chambardement, la politique fiscale a un rôle clé à jouer, et elle le jouera d'autant mieux qu'elle parviendra à se poser comme le fruit d'un nouveau pacte social entre tous les acteurs. Pour ce faire, il sera indispensable d'harmoniser les discours et de fonder la démarche de recherche sur une définition appropriée et « universelle » de la justice, de l'équité et de l'efficacité.

BIBLIOGRAPHIE SÉLECTIVE

ARDANT, Gabriel (1965). *Théorie sociologique de l'impôt*, 2 tomes, Paris, SEVPEN.

BASLÉ, Maurice (1989). *Systèmes fiscaux*, Paris, Dalloz.

BECK, Bernard et Georges VEDEL (dir.) (1984). *Études des finances publiques*, Paris.

BELTRAME, Pierre (1975). *Les systèmes fiscaux*, Paris, PUF.

BERNARD, André (1992). *Politique et gestion des finances publiques, Québec et Canada*, Sainte-Foy, Presses de l'Université du Québec, 490 p.

DAFFLON, Bernard et Luc WEBER (1984). *Le financement du secteur public*, Paris, PUF.

DOERN, G. Bruce, Allan M. MASLOVE et Michael J. PRINCE (1991). *Public Budgeting in Canada, Politics, Economics and Management*, Ottawa, Carleton University Press.

DUBERGÉ, Jean (1990). *Les Français face à l'impôt*, Paris, LGDJ.

GAUDEMET, Paul Marie et Joël MOLINIER (1993). *Finances publiques*, tome 2, Paris, Montchrestien.

GREFFE, Xavier (1993). *Comprendre la politique économique*, Paris, Economica.

HARTLE, Douglas J. (1988). *The Expenditure Budget Process of the Government of Canada*, Toronto, The Canadian Tax Foundation.

HORRY, Isabella, Philip PALDA et Michael WALKER (1992). *Tax Facts Eight*, Vancouver, The Fraser Institute.

KRASNICK, Mark (dir.) (1986). *Le fédéralisme fiscal*, Ottawa, Approvisionnements et Services Canada.

LAFFER, Arthur (1981). *L'ellipse ou la loi des rendements décroissants*, Bruxelles, Institutum Europæum.

LAURÉ, Maurice (1965). *Traité de politique fiscale*, Paris, PUF.

LAVIGNE, Stéphane (1991). *Contributions indirectes et monopoles fiscaux*, Paris, PUF.

LEWIS, A. (1982). *The Psychology of Taxation*, New York, St. Martin's Press.

MARTINEZ, Jean-Claude (1984). « La légitimité de la fraude fiscale » *in* Bernard Beck et Georges Vedel, *Études de finances publiques*, Paris, Economica.

MARTINEZ, Jean-Claude (1990). *La fraude fiscale*, Paris, PUF.

MASLOVE, Allan H. (1973). *L'incidence des impôts au Canada*, Ottawa, Conseil économique du Canada.

MATOUK, Jean (1987). *Le socialisme libéral*, Paris, Albin Michel.

MATTHIEU, Robert (1990). *Le racket fiscal*, Paris, Albin Michel.

McQUAIG, Linda (1987). *La part du lion*, Montréal, du Roseau.

MEHL, Lucien et Pierre BELTRAME (1984). *Science et technique fiscale*, Paris, PUF.

MIGUÉ, Jean-Luc (1985). *L'économiste et la chose publique*, Sainte-Foy, PUQ.

MUSGRAVE, Richard A. (1986). *Public Finance in a Democratic Society*, vol. 1, Oxford, Harvester.

NEUER, J.J. (1986). *Fraude fiscale internationale et répression*, Paris, PUF.

OCDE (1993). *Statistiques des recettes publiques dans les pays membres de l'OCDE 1965-1992*, Paris, OCDE.

PEACOCK, Alan T. et Jack Wiseman (1961). *The Growth of Public Expenditures in the United Kingdom*, Princeton, National Bureau of Economic Research.

PECHMAN, Joseph (1986). *The Rich, the Poor, and the Taxes They Pay*, Boulder, Westview.

PERCEBOIS, Jacques (1991). *Économie des finances publiques*, Paris, Armand Colin.

PERRY, J. Harvey (1989). *A Fiscal History of Canada – the Postwar Years*, Toronto, The Canadian Tax Foundation.

PERRY, J. Harvey (1990). *Taxation in Canada*, 5ᵉ éd., Toronto, The Canadian Tax Foundation.

PETERS, B. Guy (1991). *The Politics of Taxation, a Comparative Perspective*, Cambridge, Blackwell.

RIVOLI, Jean (1965). *Vive l'impôt*, Paris, Seuil.

SALIN, Pascal (1985). *L'arbitraire fiscal*, Paris, Laffont.

STEIN, Herbert (dir.) (1988). *Tax Policy in the Twenty-First Century*, New York, John Wiley.

STERDYNIAK, Henri *et al.* (1991). *Vers une fiscalité européenne*, Paris, Economica.

TADDEI, Bruno (1974). *La fraude fiscale*, Paris, Librairies techniques.

TREMBLAY, Pierre P. (1990). « Tel État, telle fiscalité », *Politique*, nᵒ 17, pp. 31-58.

TREMBLAY, Pierre P. et Lawrence Olivier (1992). *Le citoyen face à l'impôt : l'évitement fiscal comme mode d'opposition*, Montréal, UQAM, Département de science politique, note de recherche nᵒ 40.

TREMBLAY, Pierre P. (1994). « Le message derrière le comportement fiscal : Macluhan a-t-il raison ? », *Recherches sociologiques*, Bruxelles, nᵒ 1, pp. 53-75.

TREMBLAY, Pierre P. et Guy Lachapelle (1994). *Justice, équité, fraude*, Montréal, UQAM, Département de science politique, note de recherche nᵒ 48, juin.

WEBER, Luc (1988). *L'État, acteur économique*, Paris, Economica.

CE DOCUMENT N'APPARTIENT PLUS À
LA BIBLIOTHÈQUE DE SAINT-LÉONARD

• Cap-Saint-Ignace
• Sainte-Marie (Beauce)
Québec, Canada
1995

«L'IMPRIMEUR»